世界名人名传　　｜　主编 柳鸣九

[英] 达尔文 著
方华文 译

达尔文自传
Autobiography

CHARLES
ROBERT
DARWIN /

河南文艺出版社
·郑州·

图书在版编目(CIP)数据

达尔文自传/(英)达尔文著;方华文译. —郑州:
河南文艺出版社,2020.1
　(世界名人名传/柳鸣九主编)
　ISBN 978-7-5559-0822-7

　Ⅰ.①达…　Ⅱ.①达…②方…　Ⅲ.①达尔文
(Darwin,Charles 1809-1882)-自传　Ⅳ.①K835.616.
15

中国版本图书馆 CIP 数据核字(2019)第 196664 号

达尔文自传
Darwin Zizhuan

出版发行　河南文艺出版社
本社地址　郑州市郑东新区祥盛街 27 号 C 座 5 楼
邮政编码　450018
承印单位　河南瑞之光印刷股份有限公司
经销单位　新华书店
纸张规格　890 毫米×1240 毫米　1/32
印　　张　3.625
字　　数　63 000
版　　次　2020 年 1 月第 1 版
印　　次　2020 年 1 月第 1 次印刷
定　　价　22.00 元

印厂地址　河南省武陟县产业集聚区东区(詹店镇)泰安路
邮政编码　454950　　电话　0391-2527860

译者序

　　查尔斯·罗伯特·达尔文(Charles Robert Darwin)1809年2月12日出生在英国什罗普郡的什鲁斯伯里,著名的生物学家、博物学家,进化论的奠基人,代表作有《物种起源》等。

　　达尔文八岁时,母亲去世。上小学的时候,由于淘气,他学习成绩欠佳,远远不如妹妹凯瑟琳。不过,他对各种植物以及收集东西有着浓厚的兴趣——无论见到何种花草树木,都非得弄清其名称和习性不可,收集到的物品包罗万象,如贝壳、印章、邮票、钱币和矿石等,为以后研究博物学打下了基础。其中,他最喜欢收集的是昆虫,一直乐此不疲——他的这种情趣持续了一生。在收集昆虫的过程中,也发生过许多有趣的事情。一天,他剥掉老树皮后,发现了两只罕见的甲虫，于是便双手齐下，一手捉了一只；就在这时，他又看到了一只，而且是新品种，容不得失去，于是便将右手抓的那只塞进了嘴里，想腾出手来。可是那只甲虫竟然喷出了一种异常辛辣的液体，辣得他舌头疼，使得他不得不吐出它——结果，那只甲虫连同那个新品种甲虫都没能捉到手。

少年时的达尔文非常单纯，十分重视友谊，跟男孩加内特是铁哥们儿，但有一次却受到了加内特的愚弄。一天，加内特带他进了一家糕饼店，由于店主信任加内特，加内特买糕饼时竟没有付钱。出了店门，达尔文问他为什么没付钱，他立刻回答说："哦，你恐怕不知道，我叔叔捐了一大笔钱给这个镇子，条件是：不管是谁，只要戴上他的帽子，以一种特定的方式碰一碰帽檐，到任何一家店里买东西都不用付钱。"他说完还碰了碰帽檐，给达尔文做了示范。后来，他把帽子借给达尔文，达尔文走进糕饼店，拿了几块糕饼，碰了碰帽檐便往外走，谁知店主追了过来，吓得他丢掉糕饼，没命地狼狈逃窜，惹得加内特哈哈大笑。

在父亲和所有老师的眼里，达尔文是个再普通不过的孩子了，甚至可以说智力偏下。有一次，父亲的几句话深深刺痛了他："你干什么都不用心，就知道打猎、遛狗和抓老鼠，你自己丢人不说，还让全家人也跟着丢脸。"他爱自己的父亲，也崇拜他，万万想不到他老人家竟会生那么大的气，说出那种话来。这叫他终生难忘，一直在刺激和鼓舞他上进。

达尔文虽然学习成绩欠佳，却经常跟一些小诗友切磋诗艺——他们在一起收集诗歌、朗诵诗歌，甚至照葫芦画瓢，创作几首打油诗。那时的达尔文记忆力强，利用一次晨祷时间便可以记住维吉尔或荷马的四五十行诗。在所有的诗人里，他最喜欢和推崇的是古罗马诗人贺拉斯，对贺拉斯的诗作百读不厌。对于其他类型的文学作品，他也情有独钟，经常坐在学校厚墙的窗台上看莎士比亚的历史剧，一看就是好几个小时。

在那段校园生活的后期，达尔文迷上了打猎。他晚年回忆往事，第一次打猎时的情景仍历历在目——当时他激动得手发抖，甚至都无法往弹仓里装子弹了。由于痴迷和刻苦练习，他后来竟成了一个百步穿杨的神枪手。进了剑桥大学后，他还经常对着镜子练举枪上肩的动作，看自己的动作是否标准。他另有一个练习的项目——他会请一个朋友举着一根点着的蜡烛来回晃动，他则用帽子瞄准投掷，让帽子从蜡烛上方掠过；如果投得准，气流就会吹熄蜡烛。投掷时，帽子会发出啪的一声响。据说，学校里的辅导员曾对人讲："真是咄咄怪事，达尔文先生似乎在宿舍里练习甩马鞭，因为我从他的窗前走过，经常听见里面有啪啪的声响。"

达尔文在中学长进不大，其父便明智地叫他早早地(比普通孩子要早许多)离开了那儿，于 1825 年 10 月把他和哥哥都送入爱丁堡大学读书，让他们学医——他的哥哥并无悬壶济世之心，而他学医则是因为父命难违。过了没多长时间，达尔文不知从哪里听到一些传闻，说他父亲将会留给他一笔财产，足以让他过上衣食无忧的日子(他万万没想到自己竟会如此富有)。他相信了这一传闻，于是在学业上便减弱了进取之心。爱丁堡大学的授课形式是讲座，而他最讨厌的是人体解剖讲座，于是便三天打鱼两天晒网，只是混个学分，结果落下了一辈子的遗憾——在他以后的研究中，处处都离不了解剖学知识。爱丁堡大学的附属医院有两次做手术，达尔文也参加了。那两台手术都非常糟糕(其中一台是给一个小孩做的)，情景十分悲惨(当时麻醉剂还没有问世)，没等看完他就跑掉了。

达尔文在爱丁堡大学只待了两学期，而后便进了剑桥大学。在剑桥大学的三年里，他接触到了许多名重一时的教授，如亨斯洛等。他和亨斯洛结下了终生友谊，在人格和学术方面都深受其影响。亨斯洛教授是个极为虔诚的教徒，而且十分传统，有一次他告诉达尔文说：英国圣公会的教义纲要哪怕改动一个字，他也会很伤心的。他的道德品质令达尔文不胜敬佩——他没有丝毫的虚荣心或鸡肠小肚,世间少有他那样严于律己、宽以待人的人。他性情温和、善良,待人温文尔雅、彬彬有礼,但一见到不公正的行为则会勃然大怒,挺身而出。一次,他们师生二人在剑桥街头看到了这样的情景。有两个盗墓人被抓住后,由警察送往监狱,途中却被一群暴民抢了去。暴民们抓住盗墓人的腿,在泥泞的石头路面上横拖硬拽,使得那两人从头到脚都是泥,脸上被脚踢得或石头砸得血流不止,看上去像死人一样。亨斯洛气得脸色发青,几次要冲进人群,但每一次都被挡了回来。他风一般跑去找市长要求增加警力。这件事别的细节达尔文已经记不得了,只记得那两个可怜人没等到达监狱就被暴民打死了。

　　年轻时代的达尔文非常喜欢绘画,经常流连于菲茨威廉画廊和伦敦国立美术馆,对那儿的名画百看不厌,尤其迷恋乔舒亚·雷诺兹以及塞巴斯蒂安·德尔·皮奥博等人的画作,还跟专家们在一起论长论短。除此之外,他还开始涉足音乐,听朋友们用乐器演奏,渐渐对音乐有了浓厚的兴趣。礼拜日散步,他会掐准时间,赶到国王学院礼拜堂听教徒们唱赞美诗,从中获得莫大乐趣,经常激动得发抖。有时,他还将唱诗班的孩子请到他的宿舍里唱。尽管他听力很差,听不出音符对与否,也听不出音乐节拍及曲调是不是正确,但令人称奇的是他竟然能从音乐中获取欢乐。

1831 年,达尔文的命运出现了转折——谁知这一转折日后竟令他名垂青史。亨斯洛给他写来一封信,说"贝格尔号"军舰①的舰长菲兹·罗伊愿意带一位年轻志愿者随军舰做环球考察,作为博物学家义务协助他工作。达尔文的父亲坚决反对他去,但却留了一句话:"假如你能找到一个有见识的人建议你参加,那我也会同意。"达尔文的姨夫乔舒亚·威基伍德听说此事后,便远道赶来劝说他的父亲,结果后者爽快地同意了——达尔文的父亲一直都觉得乔舒亚·威基伍德是天下最有头脑的人。后来,达尔文乘坐"贝格尔号"军舰做了历时五年的环球航行,对动植物和地质结构等进行了大量的观察和研究,并采集了各种各样的标本,归国后出版了流芳百世的巨著《物种起源》,提出了生物进化论学说。生物进化论学说摧毁了各种唯心的神造论和物种不变论。除了生物学外,他的理论对人类学、心理学及哲学的发展都有不容忽视的影响。恩格斯将"进化论"列为 19 世纪自然科学的三大发现②之一。

---

① 一艘老式二桅方帆小型军舰,长 90 英尺,能运载 120 余人,装备有 10 门大炮。这次远航持续达五年之久,其任务之一是研究和详细勘察南美洲的东西两岸,但政治和经济任务则是这次航行的基本原因。当时的英国,力求夺取南美洲的市场,促使英国的资本渗透到南美洲各个国家的经济中去。
② 三大发现包括:细胞学说、生物进化论及能量守恒和转化定律。

1882 年 4 月 19 日,这位伟大的科学家因病逝世,人们把他的遗体安葬在牛顿的墓旁,以表达对这位科学家的敬仰。

达尔文夫妇共生下了十个子女,其中有三个夭折,余下的几个都非常有成就(有的是银行家,有的是科学家,还有一个当上了英军上校)。这部自传是在他的三儿子费朗西斯·达尔文(天文学家,英国皇家学会成员,擅长植物生理学)的协助下完成的。开卷有益——读者从书中不仅可以了解达尔文辉煌壮丽的一生,了解他追求真理、投身科学探索的精神,也可以了解到他的贡献对人类所产生的深远影响!

2018 年 9 月 10 日

作于苏州大学

一位德国编辑来函，想请我写一篇自传，讲一讲我的心路历程以及我的个性。我觉得这对我而言是一件乐事，或许我的子孙后代也会感兴趣的。以己度人嘛，假如我能看到我的祖父写作自己，写他的所思所想、所作所为，哪怕只言片语，哪怕文字味如嚼蜡，我也会非常感兴趣的。我欣然从命，自述如下，权当我已魂归天国，在那儿回顾自己的一生吧。其实这也并非难事，因为我毕竟已快过完了一生，而且舞文弄墨在我也是举重若轻的事情。

—— 题记

1809 年 2 月 12 日，我出生在什鲁斯伯里①。直至四岁零几个月，我才开始记事，依稀记得我们全家曾到阿贝尔格莱②附近洗过海水浴。对于那时候发生的事情以及去过的地方，现在让我回忆，就比较模糊了。

　　家母于 1817 年 7 月辞世，当时我刚满八岁。说来也怪，我对她几乎什么也记不得了，只记得她临终前睡过的那张床以及她身上穿的那套黑丝绒衣服，还记得她做饭用的古里古怪的操作台。同年春季，我入读什鲁斯伯里地方学校③，在那儿待了一年。据说，我在学习上大不如我的妹妹凯瑟琳，可能是因为我太调皮，不用功吧。

　　等我到那所地方学校就读时，我对博物学的兴趣已非常浓厚，特别喜欢收藏各种东西。一见到植物，我就千方百计想弄清它们的名称④，至于收藏更是包罗万象，其中有贝壳、印章、邮票、钱币和矿石什么的。对收藏的狂热可以

----

　　① 英格兰什罗普郡的郡治。

　　② 位于威尔士北部海岸的一个小镇。

　　③ "这所学校由吉·凯斯牧师开办，此人是高街上一神教礼拜堂里的牧师。我的祖母达尔文夫人是一神教教徒，所以常到凯斯先生的礼拜堂里去，我父亲小的时候和他的姐姐们也常去。不过，他和他的哥哥受过基督教洗礼，信奉的是英国国教，稍大一点就只去英国国教的教堂，不再到凯斯先生的礼拜堂了。根据《圣杰姆斯公报》1883 年 12 月 15 日的记载，该礼拜堂特意画了一幅壁画以示对我父亲的纪念。而今，此处已更名为'自由基督教堂'。"达尔文之子如是说。

　　④ "根据我父亲在凯斯先生学校就读时的校友瓦·阿·莱顿牧师回忆，我父亲有一次将一朵花拿到了学校去，声称他母亲教给了他一种本事，只要看一看植物的蕊，便可知其名称。莱顿先生十分好奇，特别感兴趣，于是一再问他是怎么做到的，而他说自己反正就是知道，只是无法表达。"达尔文之子如是说。

使人变成博学的博物学家，也可以使人成为鉴赏家或守财奴。我的这份狂热显然是先天的，兄弟姊妹都缺乏这种情趣。

就在这一年发生了一件小事，此事深深地印在了我的脑海里，但愿这是因为我事后良心有愧才念念不忘吧。这件事的奇特之处在于我小小的年纪，就对植物的多变性产生了那么浓厚的兴趣。记得我当时告诉一个小男孩（大概是莱顿吧，此人后来成了著名的地衣学家和植物学家），说只要浇上一些染料水，就可以种出不同颜色的樱草花和报春花（这当然是无稽之谈，我并没有做过这方面的试验）。实不相瞒，我小的时候喜欢故弄玄虚，没别的，只是要哗众取宠。例如，有一次我从家父珍贵的树木上摘了许多果子藏到灌木丛里，然后上气不接下气地跑去告诉大人，说有人偷果子，被我发现了。

刚上学的时候，我一定是个头脑非常简单的小孩。记得有一次，一个叫加内特的男孩带我走进一家糕饼店，由于店主信任他，买糕饼时竟没有付钱。出了店门，我问他为什么没付钱，他立刻回答说："哦，你恐怕不知道，我叔叔捐了一大笔钱给这个镇子，条件是：不管是谁，只要戴上他的帽子，以一种特定的方式碰一碰帽檐，到任何一家店里买东西都不用付钱。"他说完还碰了碰帽檐，给我做了示范。随后，他又进了一家商店(店主也信任他),买了一个小物件,用那种特定的方式碰了碰帽檐,当然也没有付钱喽。出来后,他对我说:"如果你自己想去那家糕饼店买东西(我至今仍记得那家店的确切位置),我可以把帽子借给你。戴上这帽子,你想要什么就可以拿什么,只要用那种方式碰碰帽檐即可。"我高兴地接受了他的慷慨提议,走进店里拿了几块糕饼,碰了碰帽檐便往外走,谁知店主追了过来,吓得我丢掉糕饼,没命地狼狈逃窜。我的那个虚伪朋友加内特对我报以哈哈哈的大笑,使得我又气又恼。

说句公道话,我小的时候还算得上是个有仁爱之心的孩子,这全归功于姐姐的教导和以身示范。有人说仁爱之心是天生的,或者说是与生俱来的素质,对此我持怀疑的态度。我很喜欢收集鸟蛋,但从来只在一个鸟巢拿走一枚蛋;只有一次例外——那一次我拿走了全部鸟蛋,不是因为鸟蛋有多大的价值,只是图好玩。

很小的时候(上小学的时候,或者在上小学之前),我曾经有过残忍的行为,打过一只小狗,也可能只是想显示一下自己的力量吧。不过,我出手并不狠,因为小狗连叫也没叫。事情肯定是有的,就发生在我们家附近。那件事像一块大石头压在我的心上,令我久久难以忘怀——我至今还记得那件罪行发生的确切地点。后来我喜欢上了狗,最终

5

对狗产生了强烈的爱,那件往事仍萦绕于我的心间,使我感到倍加沉重。我爱每一条狗,善于从狗的主人那儿横刀夺爱,而狗们似乎很理解我的心情。

在凯斯先生的学校就读的那一年,还有一件事我也记忆犹新——那是给一个龙骑兵举办葬礼。令人称奇的是,那匹龙骑兵的战马现在仍历历如在我眼前,马鞍上挂着亡者的靴子和马刀,为亡者鸣放的枪声仍在我的耳畔回响。那一幕深深拨动了我的心弦,使我产生了诗情画意般的遐想。

1818 年夏,我到巴特勒博士在什鲁斯伯里开办的那所大名鼎鼎的学校里就读,在那儿待了七年,一直到 1825 年仲夏(那时,我已经十六岁了)。我在学校里住宿,为的是让我能够体验真正的校园生活。可是,由于学校离我家几乎还不到一英里,我经常利用点名的间隙,趁着学校晚间锁门之前偷偷跑回家去。我觉得这样对自己也是有好处的,可以使我保持对家的感情和热爱。记得刚就读那所学校时,我从家里返校时跑得飞快,生怕迟到。就因为跑得快,总体还是一帆风顺的。一遇到疑难,我便虔诚地向上帝祈祷,祈求上帝的保佑。现在我仍记得,我当时将自己的成功归于祈祷,而不是归于自己跑得快,常常为上帝的保佑产生的效果感到惊讶。

听家父和二姐说,我很小的时候就特别喜欢一个人远足,至于当时我是怎么想的便不得而知了。走路的时候,我常常沉湎于遐想。有一次返校途中,走到什鲁斯伯里古老的防御工事上(该处已改造成了便道,但旁边没有护墙),我不小心脚下打滑摔了下去,幸好高度只有七八英尺。然而,就在我意外地突然从高处掉下那短短的一刹那间,脑海里却闪过了无数念头,数量之多十分惊人——这与生理学家所证实的产生一个念头是需要一定时间的论断似乎并不相符。

若论培养思维,巴特勒博士的学校恐怕是最差的地方了,因为此处抱残守缺,什么都不教,只开设堪称老皇历的地理课和历史课。对我来说,那段时间的学校教育简直就是空白。纵观我的一生,对于任何一种语言,我都未能够熟练掌握。我钟情于诗歌创作,但一直都不得意。我和许多朋友收集了大量的旧诗歌——有时候,我照葫芦画瓢,在朋友的帮助下倒是可以胡诌出来几句诗。我们很注重背诵前一天所学的诗歌,在这方面我做得得心应手——利用晨祷时间,我便可以记住维吉尔①或荷马②的四五十行诗。不过,这些诗行不出两天就会被忘得精光,结果是白忙活一场。在

---

① 古罗马诗人,代表作有《埃涅阿斯纪》等。
② 古希腊诗人,代表作是《荷马史诗》。

那段时间,我可不是闲着没事干——除了写诗,我还认认真真地学习古文,从不懈怠。这样的学习索然无味,唯一能给我带来乐趣的是我极为崇拜的贺拉斯①的颂歌。

我走出校门时,学习成绩不好也不差。恐怕在家父和所有老师的眼里,我是个再普通不过的孩子了,甚至可以说智力偏下。有一次深深刺痛了我的是,家父对我说道:"你干什么都不用心,就知道打猎、遛狗和抓老鼠,你自己丢人不说,还让全家人也跟着丢脸。"家父是我所知道的最仁慈的人,至今我都在全心全意爱他,然而他却生那么大的气,说出那样的话,未免有点冤枉了我。

回想起那时的校园生活,回想起自己当时的性格以及将来可能会有用武之地的能力,唯一值得称道的是:我不管对什么产生了兴趣,都会深入研究、多方面欣赏,投入极大的热情;针对任何复杂的课题或事情,我只要想弄明白,都会乐此不疲。一位家庭教师曾教我学习欧几里得②的理论,我至今仍清楚记得欧几里得的清晰的几何定律给我带来的那种喜悦和享受。我也同样清楚地记得我的姨夫(即弗朗西斯·高尔顿③的父亲)给我解释了气压计游标的工作原理

---

① 古罗马诗人。
② 著名古希腊数学家。
③ 英国著名人类学家、气象学家、地理学家。

后,我心里的那份高兴劲。我兴趣广泛,不分学科;什么样的书都读,经常坐在学校厚墙的窗台上看莎士比亚的历史剧,一看就是好几个小时。我还喜欢看汤姆逊①的《四季》以及拜伦和斯科特②的新作。此处提及这些往事,是因为我后来竟然对所有的诗歌(甚至包括莎士比亚的诗歌)都丧失了兴趣,让人不胜遗憾。值得一提的是,那段时间我不但喜欢诗歌,还在1822年沿着威尔士边境乘车旅行时开始对景色产生了浓厚的兴趣,而且这种兴趣比任何其他的审美享受持续的时间都长。

在那段校园生活的初期,一个男孩手里有一本《世界奇迹》,我经常借来看,还跟其他同学就其中一些陈述的真实性展开辩论。我觉得这本书激起了我到遥远国度旅行的愿望(后来乘坐"贝格尔号"军舰出航,这一愿望得以实现)。在那段校园生活的后期,我迷上了打猎,恐怕没有谁比我还要痴迷。第一次打到猎物的那种兴奋心情我至今仍记忆犹新——我激动得手发抖,觉得重新往枪里装子弹都非常困难了。打猎的兴趣长时间不消减,后来我竟成了一个百步穿杨的神枪手。进了剑桥大学后,我经常对着镜子练举枪上肩的动作,看自己的动作是否标准。还有一个练习的项

---

① 英国著名诗人。
② 拜伦和斯科特均是英国著名诗人。

达尔文自传

目(一个更好的项目)——我请一个朋友举着一根点着的蜡烛来回晃动,我用帽子瞄准投掷,让帽子从蜡烛上方掠过;如果投得准,气流就会吹熄蜡烛。投掷时,帽子会发出啪的一声响。据说,学校里的辅导员曾对人讲:"真是咄咄怪事,达尔文先生似乎在宿舍里练习甩马鞭,因为我从他的窗前走过,经常听见里面有啪啪的声响。"

在上中学的时候我有许多朋友,我非常爱他们——我觉得那时候自己还是很重感情的。

至于科学方面,我一直都在狂热地收集矿石,但并非为了搞科学研究,只是想得到新命名的矿石而已,对于收集到的矿石也懒得分类。对于昆虫,我肯定是比较关注的。记得十岁的时候(1819年),我到威尔士海边的普拉斯爱德华兹住过三个星期,在那儿见到一只个头很大、黑红相间的半翅昆虫,还有许多颜色鲜艳的飞蛾和一只虎甲①(这些在什罗普郡是见不到的),不由感到十分惊讶,产生了浓浓的兴趣。我几乎是立刻就下定了决心要收藏昆虫——我只收藏死昆虫,因为我听从了姐姐的建议,觉得不应该为了收藏而猎杀昆虫。看过怀特②的《塞尔伯恩自然史》后,我开始乐此不疲地观察鸟类的习性,甚至还开始做这方面的笔记。记

---

① 鞘翅目肉食类昆虫。
② 英国博物学家和鸟类学家。

得我当时单纯得要命,觉得每一个人都应该争取成为鸟类学家。

我的校园生活快要接近尾声的时候,哥哥正埋头钻研化学,把我家花园里的工具间改造成了一个漂亮的实验室,配备有各种仪器。我获准当他的助手,协助他搞实验,制造出了各种各样的气体及合成物。我认真研读了一些化学书籍,其中包括亨利和帕克斯的《化学问答》等,不由兴趣大增。我们搞实验,经常干到深更半夜。在我的学习生涯中,这是最精彩的一部分,因为它向我展示了实验科学的真正意义。我们搞化学实验的消息不胫而走,传到了学校里——由于这是史无前例的,我获得了一个绰号叫"空气"。一次,校长巴特勒先生当众训斥了我一顿,说我不务正业,把宝贵的时间用在了无用的事情上,并且极不公正地称我为"务虚者"。当时我并不明白此名称的含义,只觉得他在严厉地斥责我。

鉴于我在中学长进不大,家父便明智地叫我早早地(比普通孩子要早许多)离开了那儿,于 1825 年 10 月把我和哥哥送入爱丁堡大学读书——我在那儿待了两年。哥哥学医,而我觉得他并无悬壶济世之心,我学医则是因为父命难违。但过了没多长时间,我不知从哪里听到一些传闻,说家父将会留给我一笔财产,足以让我过上衣食无忧的日子(我

　　达尔文自传

万万没想到自己竟会如此富有）。我相信了这一传闻，于是在学业上便减弱了进取之心。

　　爱丁堡大学的授课形式是讲座，除了霍普的化学课之外，全都枯燥得要命，依我看，与自己阅读相比毫无益处可言，而坏处却有许多。邓肯博士在冬日上午八点的药物学讲座，让我想起来就怕。另一位芒罗博士讲授的人体解剖学，和他本人一样乏味（我对这门课本来就很反感）。经证明，我一生最大的不幸之一就是没有学好解剖课。当时我真应该克服反感的情绪认真学习，因为这门技能对我以后的工作大有益处。不懂解剖和不懂素描，是我无法弥补的两大缺憾。除了听讲座，我还定期到医院的病房实习。有些人的病情令我感到沮丧，当时的一些场景仍历历在目。不过，这并没有影响我到病房去实习。我不明白自己为什么没有对这种医学实践产生较大的兴趣。其实，在入读爱丁堡大学之前的那年夏天，我就已经开始这方面的实践了，为什鲁斯伯里的穷人诊断病情（那些病人主要是妇女和儿童）。我尽量详细地书写病历，记录下所有的病症，然后读给家父听。他会就如何继续问诊和如何用药提出建议（药物由我自己调制）。有一次，我至少接待了十二位病人，对工作有着很大的兴趣。就我所知，家父最善于识人，说我一定能成为一个好医生（他的意思是会有许多人找我看病）。

他认为成功的要素就是激发信心,但我不知道他究竟在我身上看到了什么,以为我能够激发信心。爱丁堡大学的附属医院有两次做手术,我也参加了。那两台手术都非常糟糕(其中一台是给一个小孩做的),没等看完我就跑掉了。那以后我就没有再去过,恐怕没有任何东西能够诱惑我再到那儿去(麻醉剂问世是以后猴年马月的事情了)。那两台手术如阴魂一般久久纠缠着我,多年不散。

哥哥在爱丁堡大学只待了一年,所以第二年就剩下我一个人了。这倒也好,因为我结交了好几位年轻的朋友,他们都很喜欢自然科学。其中的一位是安斯沃思①,此人后来出版了《亚述②游记》,他是德国维尔纳③学派地质学家,对许多学科都有涉猎,但浅尝辄止。科德斯特里姆博士则是一个完全不同的年轻人,他不苟言笑、循规蹈矩、笃信宗教,心地十分善良(此人后来曾出版过若干篇质量很高的动物学论文)。第三位年轻的朋友是哈迪,我认为他一定会成为优秀的植物学家,可惜英年早逝于印度。最后要说的是比我大好几岁的格兰特博士④(我现在已记不起当初是怎么认识他的),此人曾发表过一些一流的动物学文章,但后来自

---

① 英国外科医生、旅行家、地理学家和地质学家。
② 古代西亚奴隶制国家,位于底格里斯河中游。
③ 德国著名地质学家,被称为"德国地质之父"。
④ 英国解剖学家和动物学家。

从在牛津大学伦敦分院当了教授，就在这方面止步不前了，这一直对我是个难解之谜。我和他很熟，觉得他很枯燥、很正统，后来发现他外表不苟言笑，内心却激情满怀。一天，我们一起去散步，他忽然大发议论，对拉马克①及其进化论大唱赞歌。我感到很惊讶，静静地听着，现在看来他的议论对我没有产生任何影响。之前，我读过祖父的《生物原理》，观点与之大同小异，也没有对我产生任何影响。但不管怎样，早年在书中看到的那些观点以及听到的赞誉之词还是有一定益处的——后来我在《物种起源》一书中以不同的形式支持了他们的观点。当时我很崇拜《生物原理》，但在十或十五年后重读，我感到颇为失望，因为书里所列的所谓事实有很大一部分是臆想出来的。

格兰特和科德斯特里姆两位博士热衷于研究海洋生物学。我时常陪同前者到岸边浅水区收集海洋生物，并将收集到的生物小心翼翼地进行解剖。这时，我跟几个纽黑文的渔民交上了朋友，有时他们去捕捞牡蛎，我就随他们一起出海，搞到了不少海洋生物标本。但由于缺乏解剖学的正规训练，还因为手头只有一台功能很差的显微镜，我的研究并不如人意。但尽管如此，我还是有一项有趣的小发现，并

---

① 法国科学家、博物学物、生物学家。他最先提出生物进化的学说，是进化论的倡导者和先驱。

写了一篇短小的论文,于 1826 年初在布里尼学会①进行了宣读。这篇论文指出:藻苔虫的所谓卵清蛋白其实是幼虫,借助于纤毛能够独立移动。在另一篇论文中我指出:一些微小的球状生物,人们都认为是墨角藻的嫩芽,其实它们是类似蠕虫的水蛭的卵囊。

布里尼学会大概是由詹姆士教授创办的,一直受到他的大力支持。会员们在学校的一间地下室里开会,宣读和讨论自然科学方面的论文。我经常到那儿去,因为那样的会议效果很好,能激发我的热情,还可以结识意气相投的朋友。一天晚上,一位可怜兮兮的年轻人站起来嗫嚅了半晌,一张脸憋得通红,最后才慢慢吞吞地说:"会长,我忘了自己要说什么了。"②那个可怜人不知所措,看上去十分慌乱,一时间所有的会员都惊呆了,谁都想不出一句安慰他的话来。会议上宣读的论文并不付印,所以我就少了一份看见自己的论文变成印刷版的那种得意心情。不过,格兰特博士倒是在他的回忆录里提到了我针对藻苔虫所做出的发现。

我也是皇家医学会的会员,并经常出席会议,但议题全是关于医学的,我没有多大兴趣。大多数发言都空洞乏味、言之无物,但也有些人的发言十分精彩,其中发言最为精彩

---

① 学生团体,专注于博物学研究。
② 此处指达尔文自己。

的是吉·凯·沙特尔沃思爵士(此人现仍是那儿的会员)。另外,格兰特博士还经常带我去参加维尔纳研究会的会议——会员们宣读博物学方面的论文,然后进行讨论,最终刊登在研究会的刊物《议事录》上。一次,我听见奥杜邦①宣读了一篇有关北美洲鸟类生活习性的论文,写得生动有趣,然而却对沃特顿②横加讽刺,这就有点有失公正了。顺便提一下,我认识一个黑人,住在爱丁堡,此人曾经跟沃特顿一道去探过险,后来以制作鸟类标本为生,技术精湛,为人友善,是个很聪明的人。我付钱给他,请他教我学习制作标本,经常和他促膝聊天。

一次,伦纳德·霍纳③先生带我去参加了爱丁堡皇家学会④的会议。主持会议的是沃尔特·斯科特爵士⑤,他向与会者表示歉意,说自己不配担任此要职。当时,我以敬畏和崇拜的心情望着他以及会场上的情景。也可能是因为自己在年轻时参加过爱丁堡皇家学会以及皇家医学会的会议吧,几年前我倍感荣幸地当选为这两家学会的荣誉会员。如果当年有人说我有朝一日会获得这些荣誉,我一定会认

---

① 法裔美国鸟类学家、博物学家。
② 英国博物学家和探险家。
③ 英国地质学家和教育改革者。
④ 英国爱丁堡皇家学会成立于 1783 年,是一个独立、非政治性的教育学术组织,是代表英国最高学术水平的五大学术院之一。
⑤ 苏格兰历史小说家、剧作家、诗人和历史学家。

为那是痴人说梦,犹如说我有朝一日会当选为英国国王。

在爱丁堡求学的第二年,我听了一些地质学和动物学的讲座,觉得那些讲座乏味到了极点。它们对我的唯一影响就是:我决意有生之年不看地质学书籍,无论如何也不研究这门学科。说实在的,我以前倒是有心于这门学科,打算以科学的态度加以研究。早在我来爱丁堡的两三年前,什罗普郡的科顿老先生(此人非常了解岩石)曾经告诉我:什鲁斯伯里有一块非常大的漂砾①是很出名的,俗称"钟石"——按说,只有在坎伯兰郡或苏格兰附近才有这种岩石。他郑重地对我说:即便走遍全世界,恐怕也没人能说得清这么大的漂砾怎么会现身于什鲁斯伯里。他的一席话给我留下了极深的印象,使我对那块神奇的岩石遐想不已。后来,我第一次在书上看到冰川在运动时将各种岩石转移到了别处去,内心觉得激动极了。我为地质学的进步感到由衷的高兴。同样令我印象深刻的是爱丁堡大学地质学教授在索尔兹伯里史前巨石阵的一次现场讲座(今年我已六十七岁,对那场讲座仍记忆犹新)。他指出:沉积岩的边缘是玄武岩,两旁是坚硬的地层,四周分布有火山岩;沉积岩上有裂缝,裂缝里填满了沉淀物。他还讥笑说:一些人认死

---

① 被冰川带到别处的大小不一的石块。

理,硬是认为沉积岩原来是液态,是从地下喷出来的。想起这次枯燥的讲座,我就觉得难怪自己下定决心再也不研究地质学了。

在听讲座的过程中,我结识了博物馆馆长麦吉利夫雷先生①(此人后来出版了一部有关苏格兰鸟类的鸿篇巨制)。我经常跟他谈论博物学,话题十分有趣。他对我很好,送给了我一些罕见贝壳(我当时在收集海洋软体动物,但不是很热衷)。

这两年的暑假我都用于消遣游玩了,但身上总带着几本书,一有空就津津有味地看一看。1826年夏,我和两位朋友背着背包长途跋涉,走遍了北威尔士。我们一般每天走三十英里,有一天还登上了斯诺登峰②。以前我和姐姐骑马去过北威尔士,随身带了一个仆人(仆人的马鞍包里装着我们的衣服)。秋季狩猎的时候,我一般会到伍德豪斯去住在欧文先生家,或者到梅尔去住在姨夫乔舒亚·威基伍德(其父是伊特鲁里亚艺术研究的奠基人)。对于狩猎我兴致极高,每天睡前会把狩猎鞋整理好放在床前,早上起来时一伸脚便可以穿上,连半分钟也不会浪费。记得八月二十日那

---

① 苏格兰博物学家和鸟类学家。
② 位于威尔士西北部的山峰,海拔1085米。

天去打猎，天麻麻亮我就到了梅尔猎场很远的一个地方，准备猎杀黑琴鸡。那天我跟着猎场管理员在密密的石楠树丛里和欧洲赤松小树林里寻找黑琴鸡，整整转悠了一天。狩猎季我射杀的每一只鸟，我都有详细的记录。有一天在伍德豪斯狩猎，同行的有欧文家的长子欧文上尉以及他的表哥希尔少校（此人后来被册封为贝里克勋爵）。他们俩我都很喜欢，但我觉得那天自己受到了他们俩的捉弄——我每次开枪，认为击中了一只鸟，他们俩当中就会有一个假装给枪膛上子弹，大喊大叫道："你不能把这只鸟计算在内，因为我同时也开了枪！"猎场管理员看出他们在开玩笑，于是也跟着起哄。几小时后，他们承认说是在开玩笑，但我并不觉得好笑，因为我打中了很多鸟，但不知有多少只算我的，因而无法记录（我在纽扣眼里拴了根细绳，射杀一只鸟就打一个结——那两个恶作剧的朋友是知道的）。

我真是太喜欢狩猎啦！然而，在潜意识中我却又为自己的狂热感到惭愧，于是便想方设法安慰自己：狩猎也可以说是智力活动，因为一个猎手需要针对哪儿的猎物多做出判断，还需要训练猎犬，而这些都必须有精湛的技巧。

1827 年，我如常在秋季去了梅尔，在那儿有幸见到了

　　　　　　　　达尔文自传

詹·麦金托什爵士①。他是我所认识的最健谈的一个人。后来令我窃喜的是,我听说他在对人谈到我时说:"那个小伙子身上有一种东西,叫我很感兴趣。"这主要是因为我当时怀着浓厚的兴趣听他说话——他的话题是历史、政治和伦理学,而我对这些一无所知。受到名人的夸奖无疑会刺激虚荣心,但我认为对一个年轻人是有好处的,可以引导他踏上正途。

在以后的两三年,我屡次到梅尔,除了秋猎之外,别的方面也是很让人愉快的,日子过得悠哉乐哉。乡间景色迷人,不失为散步和骑马的好地方。傍晚时分,大家在一起欢快地交谈——这种交谈并非窃窃私语,而是所有的人聚于一处谈天说地,耳旁音乐袅袅。夏天,全家人经常坐在游廊的台阶上说话,前面是花园,而对面的斜坡上绿树成荫,坡脚下则是波光粼粼的一湖清水。湖中不时有鱼儿跃出水面,而水鸟则在湖面上四处游弋。在我的印象中,没有比梅尔的傍晚更生动的画面了。我很依恋和崇拜乔舒亚姨夫。他沉默寡言,不爱说话,看起来很凶,但有时和我交谈则是那么坦率。他是个十分正直的人,有着极为清晰的判断力。

---

① 英国哲学家、历史学家。

只要是他认准的理，天下恐怕没有任何力量能使他动摇半分。每想到他，我脑海中就会想起贺拉斯的著名颂歌①（具体词句我忘了，只记得有"敢于直对专横暴君的威吓"这么一句）。

---

① 贺拉斯的这首颂歌是拉丁文，大概意思是：他有着坚定的信念，临危不乱，敢于直对专横暴君的威吓，敢于直对暴民的叫喊。

达尔文自传

剑桥记事

（1828年—1831年）

我在爱丁堡大学待了两学期后，家父发现我不喜欢当医生(也许他是听我姐姐说的)，于是便建议我当牧师。按当时的情况，我很可能最终将成为一个游手好闲的猎人，而这是他强烈反对的。对于他的建议，我请求容我考虑一下，因为对这一职业我了解得不多，想得也不多。虽然我也喜欢当一名乡村牧师，但叫我宣誓信奉英国国教的全部教义，我还是蛮犹疑的。于是，我精读了《皮尔逊论教义》以及其他几本神学书籍。鉴于我对《圣经》没有丝毫的怀疑，认为那里面讲的全都是切切实实的真理，于是很快就说服了自己，觉得英国国教的教义必须完全彻底地接受。

现在回想起宗教卫士对我发动的铺天盖地的攻击，我觉得自己很可笑，竟然一度还有过当牧师的念头。其实，这种念头以及家父的愿望我一直都没有放弃过，待我离开剑桥，以博物学家的身份登上"贝格尔号"军舰周游世界时，才不了了之。如果相信颅相学①的话，我在某方面很适合做牧师。几年前，德国一个心理学会的秘书处来信，真诚地向我提出请求，想要一张我的照片。过了一段时间，他们寄来一份会议记录(此次会议以我的头形作为讨论的主题)。会

---

① 颅相学是脑功能定位学说。

议的一位发言人声称我的宗教信仰额颇足以抵得上十位牧师。

　　当时,鉴于我决定要当牧师,那就必须进入英国的某所大学获取学位,可是自打我离开中学后,连一本经典的书都没有翻阅过。我诧异地发现:在那两年中,我几乎将学到的知识忘了个精光,甚至包括那可怜巴巴的几个希腊语词汇(简直匪夷所思!)。因而,我没有按惯例在十月份入读剑桥,而是在什鲁斯伯里接受家教,过完圣诞假期后于1828年初才到了剑桥。我很快就恢复到了标准的知识层次,能够用比较流畅的语言翻译简单的希腊语书籍了,如《荷马史诗》和希腊文《圣经》等。

　　学术研究方面,我在剑桥大学的三年是白白浪费了,一如在爱丁堡大学和中学时代。我尝试想学好数学,甚至在1828年夏季还随同家教(一个非常枯燥乏味的人)到巴茅斯小镇埋头学习,但进度缓慢。我讨厌这门学科,主要是因为刚接触代数时不理解其中的意义。如此缺乏耐心简直愚蠢至极! 多年后,我追悔莫及,怪自己没有深入下去,觉得起码也应该了解了解数学的那些极为重要的基本原理,因为懂数学原理的人似乎有第六感觉。不过,我觉得自己即便学懂了数学,分数也会很低的。至于古典文学方面,我不思进取,只是听一听讲座而已(此为必修课程),混一混考勤。第二年,我为学士学位的小考用功了一两个月,最终轻松过关。最后一年,为了将学士学位拿到手,我还是比较刻苦的,又是温习古典文学,又是夹带着复习一下代数和欧几里得理论(一如中学时那样,我对学习欧几里得理论乐此不疲)。要通过学位考试,还得掌握佩利①的《基督教的证据》以及他的《伦理学》。对于这一点,我做得十分彻底——我敢说我可以将《基督教的证据》准确无误地背写下来,只不过措辞用语不如佩利那般清晰罢了。多说一句,这本书的逻辑以及他的《自然神学》给我带来的乐趣一如欧几里得理论。对于这些学术著作,我不是死记硬背,而是融会贯通地学——这是唯一令我受益的课程,而其他的课程对我学术思想的形成没有产生任何影响(这是我当时的感觉,现在仍坚信如此)。那个时候,我对于佩利的理论笃信无疑,并不做深入的思考——他的理论气势如虹,让我着迷和信赖。考试的时候,关于佩利理论以及欧几里得理论的试题我都回答得很好,古典文学的试题也回答得凑凑合合,在不申请荣誉学位的学生中排名不错。奇怪的是,我究竟得了多少分现在已记不起来了,大概排名是第五位或第十位吧(要不

---

① 英国牧师、基督教护教者、哲学家。

然就是第十二位)。①

　　学校里的好几门专业都开有公开讲座，自由出席。但由于在爱丁堡大学时我对讲座深恶痛绝，此时就连塞奇威克②的讲座也没去听（此人妙语连珠，讲的内容趣味性很强）。假如听了他的讲座，我也许早几年就成为地质学家了。不过，亨斯洛③的植物学讲座我却去听了，而且非常喜欢——他的讲座深入浅出，一词一句都清晰明了（只可惜我学的不是植物学专业）。亨斯洛常带学生（其中也有毕业了的学生）去远方实地考察，或步行或乘车，要不然就乘船顺流而下，见到稀有动植物便进行讲解。这样的考察简直其乐融融！

　　现在回忆剑桥的求学岁月，我觉得自己也有一些可圈可点之处，但大体而言却是虚度光阴，甚至比虚度光阴更糟。我热衷于射击和狩猎，如果不能如愿，就跟一些喜欢运动的学生（其中包括不思进取、放浪形骸的年轻人）到乡下去骑马。我们经常在一起举办晚宴（赴宴者也有志向远大

---

① 据查，达尔文在 1831 年 1 月的考试中名列第十。
② 现代地质学创始人。
③ 剑桥大学教授、植物学家。

的学生），有时会开怀痛饮，晚宴后则唱歌或玩纸牌取乐。我知道，这般蹉跎岁月、虚掷年华，自己应该感到羞愧才对，但是想起朋友们是那样可亲，大家的兴致是那样的高，我心里还是禁不住会涌起欢乐的浪潮。

令我感到高兴的是，我还结交了许多性情完全不同的人。我和惠特利①成了莫逆之交，此人后来在数学学位考试中名列第一。我们俩经常一同散步，一走就走很远。他教我欣赏油画和版画（我还花钱买了一些）。我时常参观菲茨威廉画廊——我的鉴赏力一定是很高的，对名画独具慧眼，常跟老馆长在一起论长论短。对于乔舒亚·雷诺兹爵士②的画册，我百看不厌。虽然我的艺术鉴赏力不是天赋，但维持了多年。伦敦国立美术馆有许多油画为我带来了很大的乐趣；塞巴斯蒂安·德尔·皮奥博③的画作给我以庄严肃穆的感觉。

除此之外，我还开始涉足音乐，大概是受到了我的热心

---

① 达勒姆教堂的荣誉牧师，以前是达勒姆大学自然哲学讲师。
② 英国著名肖像画家，曾画过两千多幅肖像画。
③ 意大利文艺复兴时期画家。

朋友赫伯特①的影响,此人在数学学位考试中曾名列前茅。跟这些朋友交往,我常听他们用乐器演奏,渐渐对音乐就有了浓厚的兴趣。礼拜日散步,我会掐准时间,赶到国王学院礼拜堂听教徒们唱赞美诗。我从中获得了莫大乐趣,有时会激动得发抖。我敢说,这样的情趣并非为了装点门面,也非附庸风雅。我到国王学院听赞美诗通常都是一个人去,有时还将唱诗班的孩子请到我的宿舍里唱。尽管我听力很差,听不出音符对与否,也听不出音乐节拍及曲调是不是正确,但令人称奇的是我竟然能从音乐中获取欢乐。

我的音友们很快就发现了我的这种情趣,有时拿我寻开心,要测试我的能力——他们演奏,要我指出有多少曲调比平时快或比平时慢。他们演奏的《天佑女王》对我简直就是折磨,怎么听也听不出来。有位仁兄的听力和我一样差,可怪就怪在他竟然还会吹长笛。有一次,在这样的听力测试中我一举击败了他,这让我感到颇为得意。

不过,在剑桥时,我的任何一种爱好都比不上收集甲虫——我对收集甲虫的执着以及所产生的欢乐简直是无与伦比的。我只是热衷于收集,并不解剖研究,也很少把甲虫的表面特征与书里的定义进行比较,但是却要从书里找到

---

① 即约翰·毛里斯·赫伯特,后来当上了威尔士首府卡迪夫的乡村法官以及蒙默思郡的巡回法官。

它们的名称。以下事例可以证明我的狂热程度：一天，我剥掉老树皮后，发现了两只罕见的甲虫，于是便双手齐下，一手捉了一只；就在这时，我又看到了一只，而且是新品种，容不得失去，于是我便将右手抓的那只塞进了嘴里，想腾出手来。咦！那只甲虫竟然喷出了一种异常辛辣的液体，辣得我舌头疼，使我不得不吐出它——结果，那只甲虫连同那个新品种甲虫都没能捉到手。

在收集甲虫方面，我是很成功的，而且发明了两种新办法：冬季，我雇人把老树上的苔藓刮下来放入大口袋里，还雇人到沼泽地运芦苇的船上，在船的底部收集残留的垃圾，在苔藓和垃圾里寻找到了一些极为罕见的甲虫。

诗人最高兴的莫过于见到自己的处女作发表，而我看到史蒂芬的《英国昆虫图解》上标示有"该昆虫由查尔斯·达尔文捕捉"的字样，心里的那份高兴更是有过之而无不及。说起来，我是被我的堂兄威廉·达尔文·福克斯引入昆虫学研究的。他年轻、聪明、平易近人，当时就读于剑桥大学基督学院，和我成了铁哥们儿。后来，我又结识了剑桥大学三一学院的阿尔伯特·韦（若干年后，此人成了著名的考古学家）以及和他同一学院的亨利·汤普森（此人后来成了著名的农学家，兼任铁路公司主席和国会议员），和他们一起出去收集甲虫。看来，收集甲虫的爱好正在变为事业，成为我将来人生的努力目标!

令人惊讶的是,许多在剑桥捕捉甲虫的情景竟给我留下了不可磨灭的印象——那木柱、老树以及河岸仍历历在目。那时候,漂亮的十字架地面甲虫异常珍奇。一次,我在唐郡①看见一只甲虫穿过小路,觉得它是十字架地面甲虫,但拾起来一看发现它和十字架地面甲虫稍有不同——原来那是一只四斑步甲虫,是十字架地面甲虫的变种或近亲,二者在外形上略有差异。在那些日子里,我从没见过活的畸腭步甲虫——这种甲虫跟许多黑色甲虫都很相像,不懂行是很难区分的。不过,我的儿子却在此地发现了这种甲虫——虽然在过去的二十年里我没有留意过英国的甲虫,但我一看就知道那是自己以前没见过的新品种。

有一件往事我尚未提及,一件对我的人生影响最大的往事——那就是和亨斯洛教授结下的友谊。未到剑桥之前,我就听哥哥说他知识渊博,每一门学科都精通,于是就对他产生了敬仰之心。他每星期都要举办一次晚会,敞开家门接待所有对科学感兴趣的在校生以及一些已经毕业的学生。很快,我通过福克斯的关系受到了邀请,以后就成了

---

① 爱尔兰阿尔斯特省的一个郡。

那儿的常客。我和亨斯洛一见如故,不久便成了忘年之交。在剑桥求学后边的那段日月里,我常跟他一起长途远足,因此有些老师称我是"与亨斯洛同行的人"。他还时常邀请我到他家里吃晚饭。他对植物学、昆虫学、化学、矿物学和地质学无不涉猎,而且门门精通。他最大的兴趣就是长期坚持细心观察事物,最终得出结论。他判断准确、思维缜密,但恐怕没人会说他有多少与生俱来的天赋。

他是极为虔诚的教徒,而且十分传统,有一次告诉我说:英国圣公会的教义纲要哪怕改动一个字,他也会很伤心的。他的道德品质令人不胜敬佩——他没有丝毫的虚荣心或小肚鸡肠,从没见过他那样严于律己、宽以待人的人。他性情温和、善良,待人温文尔雅、彬彬有礼,但一见到不公正的行为则会勃然大怒,挺身而出(这可是我亲眼见的)。

一次,我和他在剑桥街头看到了这样的情景。有两个盗墓人被抓住后,由警察送往监狱,途中却被一群暴民抢了去。暴民们抓住盗墓人的腿,在泥泞的石头路面上横拖硬拽,使得那两人从头到脚都是泥,脸上被脚踢得或石头砸得血流不止,看上去像死人一样。由于人太多,我只能偶尔瞥上一眼那两个不幸的人。见到这幅暴力情景,亨斯洛气得脸色发青(我从未见过有谁会气成这个样子),几次要冲进人群,但每一次都被挡了回来。他风一般跑去找市长要求增加警力,让我不要跟着他。这件事别的细节我已经记不得了,只记得那两个可怜人没等到达监狱就被暴民打死了。

亨斯洛爱心无限——他晚年定居于希彻姆①,为当地贫苦教民办了不少好事,由此可见一斑。跟这样的一个人结交,我觉得益处多多,有说不尽的好处——说到这里,容我举几件小事以证明他的慈爱之心。一次,我在观察一株湿漉漉的鲜花上的花粉时,发现鲜花上有一些管状纤维突了出来,立刻跑去向他报告这一意外的发现。换上任何别的植物学教授恐怕都会禁不住嘲笑我,笑我竟会为这么寻常的现象大惊小怪。而亨斯洛则不然——他先是说这的确是有趣的现象,接着便向我做了详细解释,让我明白这只是司空见惯的现象。这么一来,我离开他时,丝毫也不觉得丢人,而是感到高兴,高兴自己亲眼看见了这一奇观。不过,我下定决心再也不鲁莽行事,再也不这么匆匆忙忙将自己的发现告知于人了。

去亨斯洛家的客人中不乏德高望重的学者,而胡威立②就是其中的一个。有几次夜里离开亨斯洛家回去时,我陪

---

① 英国萨福克郡的一个村庄。
② 英国科学史家、科学家,1841 年任剑桥三一学院院长,1842 年任剑桥大学副校长。

他一起走过。针对严肃的话题,他可是最善谈的,与詹·麦金托什爵士相比是伯仲之间。亨斯洛的连襟伦纳德·杰宁斯①也常来看他(大名鼎鼎的索姆·杰宁斯②和伦纳德的父亲是堂兄弟)。此人发表过好几篇有关博物学的论文,分量都很重。我到斯沃弗姆·布尔贝克③他的牧师住宅去过多次(他住在沼泽边),跟他一起散步和谈论博物学。他还结识了其他的一些长者,他们虽然不太关心科学,然而却是亨斯洛的好友。其中一位是在剑桥大学耶稣学院任教的苏格兰人,此人是亚历山大·拉姆齐爵士④的弟弟,乐观开朗,但可惜并非高寿。另一位是道斯先生,此人后来成为赫里福德教堂⑤的主持,因成功地致力于贫民教育而知名。这些人以及其他一些同样有身份的人有时会跟亨斯洛一起到乡下远足,我有幸获准参加,从中感受到了极大的欢乐。

　　回想起来,我觉得自己与别的小青年相比一定强一些,要不然,以上提及的那些长者,那些在学术界身居高位的人,是绝对不愿意跟我交往的。当然,我自己并不觉得高人一等。记得有一位叫特纳的狩猎伙伴看到我研究甲虫,就

---

① 杰宁斯先生(现名"布洛梅菲尔德")曾为《"贝格尔号"军舰的动物学考察日志》撰写过有关鱼类的词条,并且连篇累牍地发表相关论文(主要是动物学方面的)。
② 英国艺术史学家。
③ 距离剑桥市八英里的一个村庄。
④ 英国皇家海军军官。
⑤ 位于英国赫里福德市的著名教堂。

说我早晚有一天会成为皇家学会会员的,我当时觉得这说法荒谬可笑。

在剑桥的最后一年,我满怀兴趣地仔细阅读了洪堡德①的《个人述事》以及约翰·赫歇尔爵士②在《自然科学研究》一书里的《序言》,心里不由激情澎湃,决心要为无比高尚的自然科学贡献自己的微薄之力。任何一篇或十篇别的读物恐怕都不及这两篇读物对我的影响大。在洪堡德的书里,有很大篇幅是写特内里费岛③的,我特意抄录了下来,在上文提到的一次远游中对大家朗读了一遍。记得在这之前,我曾对亨斯洛、拉姆齐和道斯他们谈起过特内里费岛,说那儿是洞天福地,他们当中还有人宣称一定要去一趟。谁知这次朗读洪堡德的描述,他们却似乎不太感兴趣。而我自己倒是实心实意想到那儿去,还托人在伦敦找到一个商人,向商人打听到那儿去的船只。可是,后来由于跟着"贝格尔号"军舰出航,这项计划就泡汤了。

在暑假里,我收集甲虫、读书,有时还短途旅游。在秋

---

① 著名的德国自然科学家、自然地理学家,近代气候学、植物地理学、地球物理学的创始人之一。
② 英国著名天文学家、数学家、化学家及摄影师。
③ 特内里费岛是西班牙位于靠近非洲海岸大西洋中的加那利群岛七个岛屿中最大的一个。

季,我把所有的时间都用在狩猎上了,主要是到伍德豪斯和梅尔去狩猎(有时是跟艾顿家的小艾顿一起去)。在剑桥的那三年是我人生中最快乐、最开心的三年,身体健康,心情愉快。

鉴于我是在圣诞节之后才入学,这样,虽然在1831年年初通过了期末考试,按规定还得在剑桥再待两学期。亨斯洛建议我研究一下地质学。于是,我回到了什罗普郡,考察那儿的地貌,为什鲁斯伯里附近的地区绘制了彩色地图。8月初,塞奇威克教授打算去北威尔士进行地质学考察,研究那儿古老的岩石。亨斯洛让他把我也带上。他同意了,当晚就住在了我们家。[①]

这天晚上,我们俩进行了简短的谈话,而这次谈话给我留下了深刻的印象。我曾经考察过什鲁斯伯里附近的一个砾石坑,那儿有个工人告诉我,说他在坑里发现了一个破破烂烂的热带蜗壳(农村的烟囱上,这种蜗壳随处可见),我要买,他却不肯卖给我(我由此断定,那蜗壳的确是他在坑里发现的)。我把此事讲给塞奇威克听时,他立刻说(语气非

[①] "关于这次考察,父亲时常提到一段塞奇威克的往事:一天上午,他们离开客栈,才走了一两英里,塞奇威克就突然停了下来,说要拐回客栈去——他给了杂役六便士,托他转交给打扫房间的女服务员,他敢肯定那个'该死的坏蛋'绝对没有交。最后,经过劝说,他放弃了这一打算,自己也觉得没理由怀疑那个杂役背信弃义。"达尔文之子如是说。

常坚定)那蜗壳肯定是哪个人随手扔进坑里的,但接着又说:假如那蜗壳果真是在坑里的土层中发现的,那将是地质学的最大憾事,因为它会一举推翻有关英国中部地表沉积物的所有论断。其实,这些砾石坑属于冰河时期——多年后,我在坑里找到了一些破碎的北极贝壳。不过,当时让我觉得极为惊讶的是,塞奇威克对在英国中部发现热带贝壳这样奇妙的现象并没有感到振奋。虽然我读了不少科学书籍,但没有什么比这件事给我的启示更深了:科学是将确定的事实组合在一起,从中总结出普遍规律或论断。

　　次日早晨,我们出发前往兰戈伦,接着又去了康威古城、班戈尔和卡佩尔·库里格①。这趟旅行对我有着决定性的意义,它让我学会了辨认和标识一个地区的地质。塞奇威克经常吩咐我与他以平行的路线行走,搜集石头样本并在地图上标记岩层。我毫不怀疑这对我有好处,因为我完全外行,帮不上他什么忙。这趟旅行让我明白了一个道理:有些现象无论多么明显,也往往会被人们所忽视。我们在科乌木·伊德沃②逗留了好几个小时,仔细地检查那儿的岩石——塞奇威克想从中找到冰川化石。可是,我们没有看到壮丽的冰川现象所留下的痕迹,没有留意到冰川在岩石

---

① 这些地方均为威尔士的城镇或村庄。
② 攀岩区,威尔士国家自然保护区。

上留下的明显划痕，没有留意到那重叠的巨石、侧碛石和终端冰碛。这些现象是如此明显，就如我许多年后在《哲理学刊》（1842年）发表文章所说的那样：在那条山谷里，冰川现象极为明显，比着火的房屋还要醒目。即便当时有冰川填满了山谷，也不会比我们眼前的现象更明显了。

　　我和塞奇威克在科乌木·伊德沃分手，凭着罗盘和地图笔直穿越山区走向巴茅斯，除非有其他路和我走的方向相同，否则我绝不走小径。所经之地又陌生又荒凉——我很喜欢这样的旅行。到了巴茅斯，我看望了几位正在那儿读书的剑桥校友，然后就回到了什鲁斯伯里，随即前往梅尔打猎——当时，山鹑狩猎季刚刚开始，要让我放弃打猎的乐趣，一门心思研究地质学或别的科学，那我觉得自己才是疯了。

随 "贝格尔号"
军舰出航

（1831年12月27日—1836年10月2日）

北威尔士短期地质学探索的旅程结束后，我回到家中，看到了一封亨斯洛的来信，说"贝格尔号"军舰的舰长菲兹·罗伊愿意带一位年轻志愿者随军舰做环球考察，作为博物学家义务协助他工作，和他同住舰长舱里。对于这件事的始末，我在航海日志里有详细记载。在此，我只是想说我当时立刻就表现出了浓厚兴趣，但遭到了家父的强烈反对。幸好他留了一句话："假如你能找到一个有见识的人建议你参加，那我也会同意。"记得我当晚写信谢绝了随舰出航的邀请。第二天早上，我去了梅尔，为9月1日的狩猎做准备。我外出狩猎时，姨夫乔舒亚·威基伍德派人来找我，提出要开车跟我一起去什鲁斯伯里，找家父好好谈谈，因为他认为接受舰长的邀请才是明智之举。家父一直都觉得乔舒亚·威基伍德是天下最有头脑的人，于是就高高兴兴同意我去了。我在剑桥求学时花钱如流水，此时便对家父说了句宽心话："到了'贝格尔号'军舰上，我一定会理智些，争取不超支。"而他笑了笑说："据说你是很理智的。"

次日，我到剑桥去看望了亨斯洛，然后到伦敦拜访了菲兹·罗伊。所有的一切很快就安排妥当了。后来，我跟菲兹·罗伊熟稔了，这才听他说我差点被拒之门外，原因竟然是他没看中我的鼻形！他是拉瓦特尔①的忠诚信徒，深信可以从人的外貌判断性格——他怀疑有我这样鼻子的人是否有足够精力和决心参加这次航行。不过，我认为他后来还是后悔了，觉得他对我的鼻子判断有误。

菲兹·罗伊性格独特，有许多高贵品质：恪尽职守、慷慨大度、勇敢无畏、意志坚强、不屈不挠、对麾下的水手热情似火。对于他认为值得帮助的人，他会两肋插刀，不惜赴汤蹈火。他相貌堂堂、举止高雅、彬彬有礼，利奥的牧师说他很像他的舅舅——大名鼎鼎的卡斯尔雷勋爵②。不过，论相貌，他在很大程度上继承了英王查理二世的基因——沃利克博士给我看过他拍摄的照片藏品，我惊奇地发现照片上有一个人长得酷似菲兹·罗伊（我看了看那人的名字，发现是阿尔巴尼的伯爵——查理二世的后裔索比斯基·斯图尔特）。

菲兹·罗伊的脾气真是再糟糕不过了，一般来说，清晨是他脾气最坏的时候。他有一双鹰眼，军舰上一旦有不对劲的地方都难逃他的眼睛，都会惹得他无情地发泄怒火。他对我很好，但虽然关系好却很难相处，尤其是两人同处一室，互有碰撞，曾经屡次爆发口水仗。例如，军舰刚一抵达

---

① 瑞士诗人、作家、哲学家、地貌学家和神学家。
② 英国外交大臣。

巴西的巴伊亚①,他便为奴隶制辩解,并大唱赞歌,而我对奴隶制度深恶痛绝。他告诉我,说他刚去探访了一位大奴隶主,奴隶主将许多奴隶叫到跟前,问他们是否快乐,是否想获得自由,结果所有的奴隶都回答说:"不想!"我一听就问他(也许脸上挂着嘲笑):奴隶们当着主人的面那样回答,又有什么价值呢?他勃然大怒,怪我怀疑他的话,于是声称无法再跟我住在一起了。我心想这下子我得被迫离开军舰了。谁知由于他当着大副的面责骂我,以发泄胸中的怒火,使得这件事很快传开去。军械库全体船员邀请我跟他们一起住,这叫我大受感动。不过,几个小时之后,菲兹·罗伊就表现出了平时的那种宽宏大量,派了一名军官代表他来向我致歉,并请求我继续和他同住一室。

论性格,他在许多方面都称得上是我见过的极为高尚的一个人。

随"贝格尔号"军舰出航考察是我一生中最重要的事件,决定了我的人生生涯,而其中起着决定性作用的却是几件小事——我的姨夫驱车三十英里带着我回什鲁斯伯里劝说家父(这样的姨夫少之又少);我的鼻子外形差点使这趟考察泡汤。我一直觉得这趟考察对培养和训练我的思维能

① 巴西东部一城市。

力而言,实在是启蒙教育。通过这次考察,我深刻了解了博物学的几门分支,虽说我的观察力历来都很不错,但这次考察使得我的观察力更上了一层楼。

所到之处,考察当地的地质是至关紧要的,其中要用到逻辑推理。开始考察一个新区域时,杂乱无章的石头会叫你茫然不知所措。不过,只要仔细记录几个地点的岩层以及石块和化石的性质,进行推断和预测,便可知其他地点的地质状况,很快就能了解整个区域的情况——如此,该区域的构造基本就一目了然了。我随身带着莱尔①的《地质学原理》的第一卷,途中仔细研究。这本书在许多方面对我帮助都很大。

我们的第一个考察地是佛得角群岛②的圣地亚哥。考察时,我发现莱尔研究地理的方法,与其他任何一个地理学家相比,从论著的角度而言(无论是我以前读过的还是以后读过的),都远远高出一筹。

我还有一项任务,那就是收集各种动物的标本,解剖和简单地描述许多海洋生物。但由于自己绘图能力不足,解剖学知识欠缺,尽管我在考察途中做了大量笔记,但几乎都没有派上用场。于是,大量的时间都被浪费掉了。不过,我

---

① 英国地质学家。
② 佛得角共和国是非洲的一个国家,位于佛得角群岛之上。

对甲壳纲动物却有了一定的了解——后来撰写有关蔓足纲①的专著时，这些知识派上了用场。

每天我都会抽点时间写航海日志，煞费苦心地、生动地描述自己的所见所闻，这对我大有好处。而且，我把日志的一些内容写在家书里，还用作稿件，一有机会就寄往英国。

以上提及的各种收获与我途中所培养出的良好习惯相比，就小巫见大巫了——无论干任何事情，我都会全神贯注、心无旁骛，投注热情，并持之以恒。我会把心里所想的以及书中所看的直接跟眼睛所见的（或可能会见到的）联系起来——这种思维方式在五年的考察中持续产生着作用。我坚信自己所取得的任何科学成就都归功于这一习惯。

如今回首往事，我清楚地看到：由于热爱科学，我的其他所有的兴趣和爱好都逐渐退居二线了。头两年，我对打猎的兴趣仍未消减，见了鸟儿等动物就射杀用作标本。可是，后来我兴致渐渐低落，最终索性把猎枪给了仆人，因为打猎干扰了我的工作，尤其是妨碍了我考察所到之处的地理构造。我无意中发现：观察事物和进行推理给我带来的欢乐要远远大于打猎。在考察途中，我的大脑成熟了许多，无愧于家父的一句评语（他可是我所见过的观察力最敏锐

---

① 节肢动物门、甲壳动物亚门的一纲。

的一个人,一个怀疑一切、根本不相信颅相学的人)。航程结束后,他一见我,就转过身对我的姐姐们说:"瞧,他的头形大大变了样!"

下面再讲讲出海考察的事情。1831 年 9 月 11 日,我陪同菲兹·罗伊到普利茅斯①匆匆看了看"贝格尔号"军舰,然后回什鲁斯伯里跟家父及姐姐们长别。10 月 24 日,我又返回普利茅斯,一直待到"贝格尔号"军舰起航。该舰于 12 月 27 日终于离开了英国口岸,开始了环球旅行。这期间,我们两次试图起航,但每一次都被暴风吹了回来。在普利茅斯的那两个月,我虽然也有事干,以各种方式消磨时光,但那两个月是我一生中情绪最低落的时期。一想到要长时间地跟亲人和朋友天各一方,我心里就觉得十分沮丧,甚至觉得天气也昏天黑地的。而且,我感到心悸和心口疼,于是就跟许多无知的年轻人一样(尤其是对医学一知半解的人),怀疑自己有心脏病。我没有咨询医生,生怕被诊断为心脏病,不适合做环球旅行。我已经铁了心,就是天塌地陷也非去不可。

其实,我没必要在此叙述途中所发生的事件,没必要描述我们所到的地方以及所做的事情,因为我在已出版的航

_____

① 英国城市。

海日志里有详尽的叙述。此时此刻,热带地区那葱茏的草木浮现在我脑海中,给我留下了难以磨灭的印象——巴塔哥尼亚大沙漠①以及火地岛那层林尽染的群山让我想起来就热血沸腾。看见赤身裸体的土著人生活在他们故乡的土地上,本身就是令人永远无法忘怀的事件。我曾多次骑马或乘舟穿越荒无人烟的区域,一走就是好几个星期——这些都是极为有趣的经历。途中困难重重、险象环生,当时几乎成了无法跨越的障碍,过后却给人以喜悦。回顾自己所从事的科学考察,我感到十分满意——其中包括破解珊瑚岛的疑团,调查某些岛屿(如圣赫勒拿岛②)的地理构造。值得一提的是,我还发现了加拉帕戈斯群岛③上动植物之间的特殊关系,以及它们与南美洲人之间的关系。

我对自己的评价是:环球航行期间,我工作时尽到了最大的努力,一是因为我对考察乐此不疲,二是因为我十分渴望能为浩瀚的博物学宝库增添些许新的材料。不过,我也有自己的野心,想在科学界占有一席之地——至于这份野心比我的同行大还是比他们小,我就无从得知了。

圣地亚哥的地质很特殊也很简单:熔岩流曾在海床上

---

① 位于阿根廷南部。
② 位于南大西洋的一座火山岛。
③ 隶属厄瓜多尔。

流动,淹没了碎贝壳以及珊瑚,将其熔解,转化为坚硬的白色岩石。后来,整个岛屿的位置升高。但我从白色岩石的线条发现了一个重要的现象:火山口附近曾有沉淀,而火山处于活跃期,不断有熔岩流出。我突然产生一个想法,觉得自己可以写一本书,专门介绍我们所到之处的地质状况——这一想法让我心潮澎湃、喜悦盈怀。那是一个值得纪念的时刻。至今我仍能记得当时的情景——我脚下是一道矮矮的熔岩峭壁,烈日当头,附近有几株不知名的沙漠植物,峭壁下的潮汐水洼里有一些活珊瑚。在航程后期,菲兹·罗伊要求看一看我的日志,看过一部分内容后便说有出版的价值——这下子,就有两本书可以期待了!

环球考察快结束时,我在阿森松岛①收到了一封姐姐的来信,信中说塞奇威克去找过家父,说可以提名我为首席科学家。我当时不明白他是如何知道我所取得的成就的,后来才听说亨斯洛在剑桥哲学学会宣读了一些我写给他的信件,又印刷出来供朋友们私下传阅。②我寄给亨斯洛的骨化石也引起了古生物学家的密切关注。看过姐姐的来信,我连跑带跳登上阿森松岛的高山,激动得挥动地质锤,将火山

---

① 位于南大西洋的英国海外领地。

② 此次会议于 1835 年 11 月 16 日举行。达尔文的信被印刷成一本三十一页的小册子,分发给学会的会员。

岩敲得砰砰响。这一切说明我是怎样的雄心勃勃。但这么多年过去了,我可以说句心里话:我虽然高度看重莱尔以及胡克他们对我的赞扬,因为他们是我的朋友,却不太在乎公众的评价。我并不是说公众的评价高或者我的书销量好我就没有为之感到非常高兴,而是说一时的欢乐只是过眼烟云。我坚信自己从未因为要获取荣誉而稍稍偏离过我的奋斗目标。

返回英国

（1836年10月2日）

喜结良缘

（1839年1月29日）

我虽然经常生病,浪费了一些时间,但这两年零三个月是我一生中最活跃的时期。我多次往返于什鲁斯伯里、梅尔、剑桥和伦敦城之间,最终在 1836 年 12 月 13 日定居于剑桥菲茨威廉街(我所有的收藏品都集中在那儿,由亨斯洛经管)。我在此处居住了三个月,在米勒教授的协助下对我收集的矿物和岩石进行了鉴定。

我动手整理我的航海日志。这件工作并不难,因为我的手稿写得很细致——我的主要工作是将比较有趣的科学考察结果总结为理论。应莱尔的要求,我还针对智利海岸线上升的现象写了一篇小论文寄给了地理协会(见《地理协会会刊》1838 年第二期,第 446 页至 449 页)。

1837 年 3 月 7 日,我搬到伦敦的大马尔伯勒街,在那儿住了近两年,结婚后才离开。在这两年里,我整理完了航海日志,将其中的几页在地质学会开会时进行了宣读,然后着手写《地质观测》一书,并忙于出版《"贝格尔号"军舰的动物学考察日志》。6 月,我开始整理有关"物种起源"的笔记,动手撰写《物种起源》一书,在以后的二十年里一直笔耕不辍。

在这两年里,作为地质学会的名誉秘书,有时我会到学会露露面。我倒是经常跟莱尔见面。他有一大优点,那就是能够欣赏别人的成就。记得我回到英国时,跟他讲起我对珊瑚礁的看法,他表现出了浓厚的兴趣,这叫我惊喜万分,大大激励了我。他的建议以及他所树立的榜样对我产生了深远的影响。这段时间,我也经常见罗伯特·布朗——我常在星期天早晨他吃早饭时去找他,在他那儿坐坐。他口若悬河,大谈特谈丰富多彩的科学发现,真是天花乱坠、地涌金莲,但涉及的差不多都是些小问题——至于科学界的大是大非,他从不和我谈论。

在这两年里,我出外短途旅行过几次以放松身心,最远的一次是去格伦罗伊的平行路①。回来后,我写了一篇格伦罗伊平行路的考察报告,发表于《自然科学会报》(1839年,第39页至82页)。那篇文章是一大败笔,真是叫我无地自容。在南美洲,我曾观察到了陆地上升的现象,产生了深刻的印象,于是就把格伦罗伊的平行路归于海洋运动的产物。可是,当阿加西提出了他的"冰河理论"后,我就只好放弃了自己的观点——之前,由于当时的知识范围有限,没有人对

①　格伦罗伊是苏格兰国家级自然保护区,该区内有一条冰河消退的路线,与人工道路平行,由此得名"格伦罗伊的平行路"。

"平行路"现象做出解释,我才提出了"海洋运动"之说。那次错误给我上了很好的一课:从事科学研究,万不可信奉"竞争排斥原则"。

鉴于自己不能全天候投身于科学,于是我在那两年里读了许多杂书,其中包括一些玄学的书(不过,我不太适合读这种书)。大约在这个时期,我喜欢上了华兹华斯①以及柯勒律治②的诗,可以毫不夸张地说把《远游》③看了两遍。在这之前,我最喜欢的是弥尔顿④的《失乐园》——随"贝格尔号"军舰环球旅行时,鉴于只能带一本诗集,我便选择了《失乐园》。

---

① 英国浪漫主义诗人。
② 英国诗人。
③ 华兹华斯的长诗。
④ 英国诗人。

结婚
定居于上高尔街

（1839年1月29日）

举家离开伦敦
定居于唐都

（1842年9月14日）

在伦敦居住的那三年零八个月,与我一生中其他时间段相比较,我也同样忙碌,但科学研究却搞得少了,因为身体经常感到不适,还生了一场大病,病了很长时间。一旦身体好了,能做事了,我就写《珊瑚礁》,把大部分时间都投在了上面(此书婚前便开始撰写,1842年5月6日校对完毕)。此书虽然是本小书,但是却让我苦干了三个月,因为我必须查阅每一本有关太平洋岛屿的书籍,参考了许多航海图。该书在科学界受到了高度评价,书中阐述的理论我想已经得到了广泛承认。

与我的其他书相比,该书推理的成分极大——书中的理论体系构建于南美洲的西海岸,那时我连真正的珊瑚礁都没见过。因而,我必须证实这套理论,并通过仔细观察活珊瑚礁加以丰富。不过,值得一提的是,在这之前的两年里,我持续关注的是南美洲陆地间歇性的上升以及沉淀物的剥蚀对海岸所产生的影响。这势必会让我把大量的注意力放在陆地的沉降所产生的影响上,于是也就很容易联想到陆地的上升是珊瑚的向上生长造成的,而非沉淀物的持续生成所造成的。为了构建这套理论体系,我提出了"屏障珊瑚"和"环状珊瑚岛"之说。

在伦敦居住期间,除了撰写有关珊瑚礁的论著,我还在地质学会宣读了我的几篇论文,有关于南美洲漂砾的(见《地质学会会刊》1842年第三期),有关于地震的(见《地理纵横》1840年第五期),有关于霉菌蚯蚓形成的(见《地质学会会刊》1838年第二期)。除此之外,我还持续关注《"贝格尔号"军舰的动物学考察日志》的出版情况。与此同时,我也没有中断收集关于物种起源的资料(生病期间干不了别的,我有时就查这方面的资料)。

1842年夏天,我身体好了些,比平时有了气力,于是就独自去了一趟北威尔士,去观察昔日彼处大峡谷里的冰川所留下的痕迹,回来后写了一篇小论文,发表于《哲学杂志》(见1842年的《哲学杂志》)。这趟旅行使我心潮澎湃——以后,由于身体欠佳,我再也无法攀高山、走远路了(这些是从事地质考察所必须做的)。

刚到伦敦定居的时候,我身体还不错,还能参加一些社会活动,经常跟科学家们见见面,会晤会晤某些成功人士。对他们当中的一些人,我说的话虽然没有多大价值,却给他们留下了彬彬有礼的印象。

无论是婚前还是婚后，我和莱尔见面最多。我觉得他大脑清晰、为人谨慎，很有见识，也很有独创性。每当我针对地质学发表看法，他都会进行深思，直至彻底弄清才罢休，常常会提出自己的见解，令我受益匪浅，使我看问题更加透彻了。他对我畅所欲言、直言不讳，常对我的观点提出异议，非把问题弄个水落石出不可。他还有一个特点，那就是诚心诚意关注其他科学家的成就（关于这些情况，见 1881 年 4 月，《回忆录》写完几年之后，所增加的有关莱尔的注释）。

　　"贝格尔号"军舰返航之后，我向他解释了我对珊瑚礁的看法。我的看法跟他的观点相左，然而他却表现出了浓厚的兴趣，这叫我颇感意外，也深受鼓舞。他痴迷于科学，对科学抱有极大的热忱，十分关注人类的进步和前途。他心地善良、胸襟宽阔，对宗教信仰持开放态度，认为信仰不信仰宗教是个人的自由，而他本人是一个坚定的有神论者。他是个极其坦率的人，虽然曾经因为反驳拉马克的学说声名鹊起，但年老后却信奉起了沉降理论。在谈到守旧派地理学家反驳他的新观点时，他提醒我，说我在许多年前曾对他说过这样的话："科学家如果一到六十岁便死就好了，如若不然他就会反对所有新的学说。"不过，他希望自己能长命百岁。

我觉得莱尔对地质学的贡献要高于历史上任何一个科学家。我乘坐"贝格尔号"军舰远航时,独具慧眼的亨斯洛(跟所有其他的科学家一样,他信奉的是连续灾变理论)建议我看一看已经出版的《神圣的原理》①的第一卷本(对于书中的观点,他是不接受的),他竟以这样的方式谈及《神圣的原理》,实在与众不同!回想起来,令我自豪的是,我把佛得角群岛的圣地亚哥列在了第一位,这也证明莱尔的观点大大优越于任何一本书中的见解。

莱尔的学说影响巨大,明显推动了法国和英国的科学进步。如今,人们已经淡忘了埃利·博蒙特漫无边际的假设,如"高地火山口学说"以及"高地地平线学说"(后一种假设我曾听塞奇威克在地理协会大力鼓吹过)——这些恐怕在很大程度上得归功于莱尔。

我跟罗伯特·布朗也经常见面(洪堡德称他为"轻松自在的王牌植物学家")。我觉得他最大的特点就是观察事物

---

① 为基督教科学派所信奉。

非常细腻,判断十分准确。他知识渊博,但由于害怕出错,很少发表议论,将满肚子的知识都带进了棺材里。他对我倒是毫无保留地显露出了自己很有知识的一面,但在某些问题上却出奇地保守。"贝格尔号"军舰远航前,我曾去看过他两三次。记得有一次他让我用显微镜观察东西,并描述看到了什么。经过观察,我看到了某样东西(估计是某种植物细胞流动的原生质),于是就问他那是什么,而他则说:"这是我的一个小秘密。"

在日常生活中,他却是一个极其侠义的人。暮年时,他身体欠佳,已经不适合远行,可是据胡克说他每天都要去看望一个住在远处的老仆人(此人靠他赡养),为老仆人读书解闷。这也就弥补了他在科学研究上的吝啬或狭隘的作为。

当时,我还和其他的一些优秀人物见面,可以在此提一提,但能说的事情却很少。对于约翰·赫歇尔爵士,我深怀敬意,曾到他好望角漂亮的家中和他一道进餐,后来还到他在伦敦的家中吃过饭,并且数次和他聚首。他说话不多,但说出的每一句都值得一听。

一次去罗德里克·默奇森爵士①家吃早饭，我与杰出英才洪堡德见面(他希望跟我会晤——这对我是极大的荣誉)。见到这位伟大人物时，我感到有点失望，也可能是因为我的期望值太高了吧。对于那次会晤，我记忆模糊，只记得他兴致很高，说了许多话。

回首往事，我想到了巴克勒②——我是在亨斯利·韦奇伍德③家结识他的。令人高兴的是，我从他那儿学到了收集资料的秘诀——他把自己看过的书都买到手，将每本书中可能用到的资料列成全文索引，这样就可以记得起他所看过的内容(他有着过目不忘的记忆力)。我问他怎么能断定哪些资料可以用得到？他说他无法断定，只是靠着本能去做。正是靠着这种制作索引的习惯，他收集到的资料丰富多彩、浩如烟海(许多资料见于他撰写的《文明史》)。他的《文明史》妙趣横生，我读了两遍，但是觉得他的概论价值不大。巴克勒说起话滔滔不绝，我只是听，几乎连一句话也不说——他口若悬河，中间没有停顿，我就是想插话也插不成。法勒夫人开始唱歌时，我从座位上一跃而起，说我想去

---

① 英国地质学家。
② 英国历史学家。
③ 达尔文的堂兄，英国词源学家。

听她唱歌。我走开后,巴克勒跟另一位朋友攀谈起来,说道:"读达尔文先生的书比跟他交谈强多了。"(这句话是我哥哥无意中听到的。)

我还结识了一些杰出的文学家,其中就有悉尼·史密斯①——我是在迪恩·米尔曼②家见到他的。他诙谐幽默,说话妙语连珠(也许,部分原因是因为大家期待他说出风趣的话)。记得当时他谈到了年纪已经非常大的科克女士,说科克女士听了他的一次慈善布道后深受感动,借了朋友一枚金币放在了捐款盘里。他对我说道:"毫无疑问,我亲爱的老朋友科克女士不会再受邪魔。"

一次,我去历史学家斯坦霍普勋爵家吃饭时结识了麦考利。当时在座的另有一位客人,由于人不多,我就能细细聆听麦考利说话,觉得他是个非常和蔼可亲的人。他说话不太多——他态度随和,允许别人随时转换话题,所以说话也不可能太多。

麦考利记忆力惊人,记的东西既准确又全面。对此,斯坦霍普勋爵有一次给我举了一个小小的例子加以印证:历

① 英国作家、牧师。
② 英国历史学家。

史学家时常在斯坦霍普勋爵家中聚会，讨论各种各样的问题，他们有时会和麦考利持不同见解，以前往往会参考某本书看孰是孰非，但后来，斯坦霍普勋爵注意到再也没有人费那一番周折了，因为麦考利的话就是最后的定论。

另有一次，我到斯坦霍普勋爵家参加一个历史学家和文学家的聚会，在那儿结识了莫特利①以及格罗特②。午餐后，我和格罗特到志奋公园散步，散了近一个小时。我对他说的话很感兴趣——他待人纯真，丝毫也不矫揉造作，令人心情愉悦。

很久之前，我时常和斯坦霍普老伯爵（历史学家斯坦霍普勋爵的父亲）共进晚餐。老伯爵是个怪人，我虽然见他不多，但很喜欢——他为人坦诚直率、和蔼可亲。他轮廓分明，紫铜色皮肤，老穿一身棕色衣服。别人认为完全不可信的东西，他好像却笃信无疑。一天，他对我说："你何不放弃无聊乏味的地质学和动物学，多研究研究神秘学！"斯坦霍普勋爵听了父亲的话，似乎很震惊，而他漂亮的妻子却觉得很有意思。

最后，我还要提一提卡莱尔③。此人我在哥哥家见过多

---

① 美国历史学家。
② 英国历史学家。
③ 英国散文作家和历史学家，1865 年任爱丁堡大学校长。

次,还在我自己家里接待过两三次。他的谈吐十分风雅,而且妙趣横生,一如他的写作,不过有时话太多,会针对某个话题滔滔不绝讲个没完。记得有一次在哥哥家里吃晚宴,请了几位客人,其中除了他,还有巴贝奇①和莱尔(我喜欢跟这两人交谈)。卡莱尔话匣子一打开,便口若悬河,大谈特谈沉默的好处,让别人无从插嘴,只有听的份儿。晚宴结束后,巴贝奇面色冰冷,对他表示感谢,感谢他给大家上了一堂非常风趣的关于"沉默"的课。

卡莱尔几乎逢人便嘲笑。有一天在我家中,他把格罗特的专著《历史》称为恶臭的泥沼,说书中缺乏灵性。在他的《回忆录》问世之前,我一直以为他有点开玩笑的意思,但现在看来并非如此。他表情阴郁,近乎沮丧,但心肠很好——他的开心一笑是众所周知的。我觉得他虽然有点爱嫉妒人,但心地实际上是很善良的。他能够绘声绘色地描述事物及人,生动而传神,这是任何人都不会怀疑的(我觉得他的这种能力在麦考利之上)。至于他对于人物的描述是真是假,则是另一回事。

一方面,他大力鼓吹道德,向人们灌输所谓"伟大的道德真理"。另一方面,他对奴隶制度的观点却令人作呕。在

---

① 英国数学家。

他的眼中,权力就是正义。我觉得他的思想狭隘,甚至对科学的所有学科都要贬抑一通。令人惊愕的是,金斯利竟然说他适合宣传科学,推动科学的发展。有人认为惠威尔这样的数学家能够证明歌德①关于光的观点是否正确(我也认为惠威尔有这种能力),可是卡莱尔嗤之以鼻,加以嘲笑。他还嘲笑研究冰川的科学家,笑他们研究什么冰川是否移动快了一些、慢了一些,或者压根就没有移动,认为他们的研究荒唐至极。依我判断,他这种脑子带有偏见的人是最不适合搞科学研究的。

在伦敦居住期间,我再怎么忙也要定期出席多个科学学会的会议,并且担任地质学会的秘书。可是,开会和普通的社会活动严重地损害了我的健康。后来,我们决定到乡下居住——这是我和妻子共同做出的决定,并且从未因此而后悔过。

① 德国著名作家。

定居于唐郡
（1842年9月14日）

—

现在
（1876年）

我们先是在萨里郡①以及别的地方找房子，没有找到，最后才看中了现在的这幢房屋，并且买下了它。我很喜欢这儿，因为在这块白垩地区，植物多种多样，跟英国中部地区常见的情景大不相同。更令我感到高兴的是，此处环境异常宁静，有着世外桃源的风味。不过，它与世隔绝，正如德国一家期刊的作者所言：只有一条骡子走的小径通往达尔文先生的住所！我们在这里定居还有一个意想不到的好处：方便子女时常来看望我们。

很少有人能过我们那样的隐居生活。除了短暂出门探亲访友，偶尔到海边或别的什么地方转一转，我们就待在家中，大门不出二门不迈。刚刚定居下来时，我们还参加一些社交活动，在家里接待接待朋友，后来由于我一激动就身体吃不消，不是浑身颤抖不已，就是呕吐，于是有许多年就只好谢绝朋友们的好意，不敢去参加晚宴了——这对我而言是一种损失，因为毕竟跟朋友聚会可以提升我的精神境界。出于同一原因，我很少邀请科学界的熟人来家中做客。

我一生中最大的乐趣和唯一的职业是科学研究；科学研究使我兴奋，令我乐而忘忧，暂时忘掉身体的不适。要

①　位于英格兰的东南部。

我写人生回忆录,其实也没什么可写的,无非就是写写自己出版的几本书而已。也许,出版过程中的一些细节值得一书。

我的

若干科学著作的出版

我曾随"贝格尔号"军舰考察过火山岛,考察报告于1844年前半年出版。1845年,我用了很大精力修订新版的《研究日志》(该日志曾附在菲兹·罗伊的书中,作为其中的一个部分发表于1839年)。这是我的处女作——它的成功大大刺激了我的虚荣心,其魅力大于我任何别的书。甚至到了今天,该书在英美两国的销量仍长盛不衰,并两次被翻译成德文,还被翻译成了法文及其他语种。这样的游记,尤其是科学类游记,自从问世以来,能够多年走红,实在令人惊讶。第二版一经推出,就销售了一万册。1846年,我的《南美洲地质观察》获得出版。我一直保存着一个小日记本,里面记载了我付出的心血——为了那三部地质学著作(其中包括《珊瑚礁》),我呕心沥血,埋头苦干了四年半的时间。如今,我回到英国后十年的时光转瞬即逝。真不知我因病浪费掉了多少时间!至于这三部地质学著作,我别的不说,要说的只有一句:出乎我的意料,它们最近又要再版了。①

1846年10月,我动手写《蔓足纲》一书。在智利海岸考察的时候,我发现了一种极为奇异的蔓足纲类生物,它们寓居于螺壳里,跟其他的蔓足纲类生物完全不同——为了将

---

① 《南美洲地质观察》一书再版于1876年,《珊瑚礁》再版于1874年。

它们收入大系,就得另开一个新亚目。最近在葡萄牙海边,一种穴居类生物被发现,与这种蔓足纲类生物相似。为了了解这种新发现的蔓足纲类生物的结构,我得解剖和检查许多常见的品种,末了竟然导致我解剖了它们的整个族群。为了这个研究项目,我连续工作了八年,最终发表了两本厚厚的著作(由雷协会①出版),详细描述了已知的现存种类,又出版了两本小薄册子,介绍已灭绝的种类。爱德华·利顿·布尔沃爵士②在他的小说里讲述了一个朗教授的故事,说他写过两大本关于帽贝的著作,毫无疑问,他指的是我。

虽然我花费了八年的时间从事这项工作,但根据我的日记记载,其中大约有两年因病什么也没干。为此,我在1848年有几个月去莫尔文接受水疗,效果不错,回家后就又可以继续工作了。家父身体状况严重恶化,病逝于1848年11月13日。我没有能参加他的葬礼,也没有能充当他的遗嘱执行人。

研究蔓足纲的工作,我认为颇有价值——除了描述几个不寻常的新种类,我还列出了几个种类之间异体同形的

① 一个科学文献出版会,创建于1844年,主要出版研究动植物的作品。截至2017年,它已出版了179部科学著作。
② 英国小说家、诗人、剧作家和政治家。

现象,指出它们都有胶黏器官和胶黏腺(关于"胶黏腺"之说,我犯了一个严重的错误);最后证明这种生物有着细微的雄性素,对雌雄同体是一种补充。后一发现曾遭到一位德国学者的嘲笑,将其称为我丰富想象力的结晶,但最终还是得到了彻底证实。蔓足纲生物种类多,包罗万象,很难分类。后来我写《物种起源》,谈论自然分类的原则时,这一研究对我帮助很大。但它耗费时间过长,真不知道值得不值得。

从1854年9月开始,我把所有的时间都用于整理堆积如山的笔记了,并针对物种变迁现象进行观察和实验。随"贝格尔号"军舰远航期间,我印象至深的是在南美大草原发现了大型动物化石,上面覆盖着一层如现代犰狳身上的那种甲胄;其次,沿着美洲大陆南行,我发现了一代又一代的关联紧密的动物;其三,我发现加拉帕戈斯群岛的大部分产物都具有南美洲的特色,各岛屿之间产物的差异尤其细小;从地质学上来说,这些岛屿似乎都不是很古老。

显而易见,这种现象以及许多其他的现象,只能以一种推论来解释——物种在逐渐发生变化;这一推论一直萦绕于我心间。但同样明显的是,无论是从周边环境影响的角度,还是从物种意愿的角度(尤其是植物),都无法解释千千万万物种为什么能够适应当地的环境,养成特定的生活习惯，如啄木鸟或树蛙爬树，某些植物靠倒钩或毛刺传播种子。它们的适应能力深深触动了我——我觉得应该先解释通这种现象，否则要想靠间接的证据证明物种的变迁，只会是竹篮打水一场空。

回到英国后，我觉得只要按照莱尔研究地质学的路子走，针对家养动植物和野生动植物发生变化的现象收集各种例证，也许可以对整个研究项目有所启示。我是在 1837 年 7 月开始写物种演变的笔记的——我按照培根原理的精神行事，在没有任何理论的情况下大规模收集实例，特别是收集家养物种的实例，还查阅资料、访谈技艺精湛的动物饲养人以及园丁，并且博览群书。我读书无数，还做了大量的读书笔记，看一看那长长的书单就足以让我感到惊讶了，想不到自己竟如此勤奋。我很快就发现，"选择"是人类成功利用动植物的有效途径。可是，野生野长的动植物是如何"选择"的，在很长一段时间里对我却是一个谜。

1838 年 10 月，在我开始有系统地研究物种起源的十五个月后，为了消遣，我读了马尔萨斯的人口论，结果有所感悟——我长期观察过动植物的生活习惯，现在觉得到处都有动植物为了生存而竞争。我立刻联想到：物种在竞争中优胜劣汰，最终导致新的物种产生。这下子，我终于有可供研究的理论了，但我不打算声张，生怕会招来偏见，于是决定暂且不提此事，一篇有关的文章也不写。直至 1842 年 6 月，我才用铅笔写了一篇三十五页的摘要，随后在 1844 年夏季扩充为二百三十页（我工整地誊写了一遍，这份手稿至今还保留着）。

　　但这一次，我忽视了一个非常重要的问题——至于怎么能忽视如此重大的问题及其解决方案（哥伦布用鸡蛋解决的方案①），在我看来简直匪夷所思。这一问题即：起源于同一家族的物种在变化时会根据各自的特点而划分为若干分支。物种的巨大分化是很明显的——所有的物种都可以分为"属"，而"属"归于"科"，"科"归于"亚目"，以此类推。这一解决方案叫我欣喜若狂——当时我正乘马车行走在路上，这一灵感出现的地点至今我还记忆犹新（那时我们在唐郡定居已有很长时间）。我坚信，所有的物种，即便现在占有优势并且数量在增加的物种，其后代也会根据大自然的规律发生变化，以适应千变万化的环境。

　　1856 年初，莱尔建议我把自己的观点详尽地写下来。于是我立刻就开始写作，写出的篇幅之大，三四倍于后来撰

---

　　① 哥伦布跟一些高贵的西班牙人聚餐。有人提出哥伦布发现美洲新大陆没有什么了不起的——美洲大陆是客观存在，哥伦布只是碰巧发现了而已。哥伦布向那些人提出挑战，请他们想办法让鸡蛋直立起来，结果无一人能做到。哥伦布将蛋壳的一端敲破，鸡蛋便能站立了。他告诉那些人："这也是客观事实，只是你们没有发现而已。"

写的《物种起源》。不过,那只是摘要,阐述了我所收集到的材料,工作差不多只完成了一半。而就在这时,我的计划被打乱了——1858年初夏,我收到当时在马来群岛的华莱士先生①寄来的一篇论文《论物种从原始类型无限延伸的趋势》。这篇论文的观点与我的理论简直一模一样。华莱士先生希望能得到我的好评,并将论文转交给莱尔审阅。

　　我同意了莱尔和胡克的要求,把我的手稿摘要,连同1857年9月5日致阿萨·格雷②的一封信,以及华莱士的论文一同发表(具体情况在《林奈学会杂志》1858年第四十五页做了说明)。起初,我并不了解华莱士先生是个慷慨大度、品行高尚的人,还有点不愿意这样做呢,生怕他会见怪,怪我这样做有失公平。我的手稿摘要和致阿萨·格雷的那封信原先并未打算发表,写得很差劲,而华莱士先生的论文观点清晰,令人钦佩。不过,我们的这些东西发表后,引起的关注度极低,记得只有都柏林③的霍顿教授发表过一篇评论文章,说我们的新观点全是错的,而正确的部分则是旧观点。由此看来,任何新观点如要引起公众注意,必须做出详尽解释。

---

① 英国生物学家。
② 美国植物学家,哈佛大学教授。
③ 爱尔兰的首都。

1858年9月，在莱尔和胡克的强烈建议下，我开始工作，准备写一本关于物种变化的著作，但由于健康不佳和时常要去摩尔公园接受雷恩医生那令人兴奋的水疗，写作也就时断时续的。1856年我就着手大规模写手稿摘要了，而这本专著是根据浓缩的材料写成的（为此我花费了十三个月零十天的艰苦劳动），最终于1859年11月以《物种起源》为名获得出版。此书后来的版本虽然有添加和修正，但大体仍保持着原貌。

这无疑是我一生中最重要的著作，面世后一炮打响。第一版一千二百五十册，首日便销售一空，第二版三千册也随即售罄。至1876年，英国已售出一万六千册。如此刻板的著作，这种销量算是相当大了。此书被翻译成了欧洲几乎所有的语言，甚至包括西班牙文、德文、波兰文和俄文。据博德女士所言，该书还被翻译成了日文，而且在学术界很受推崇（后来我听其作教授说，博德女士的话是子虚乌有）。甚至还出现了一篇希伯来文的论文，声称该理论早已囊括在了《旧约全书》①中！针对《物种起源》以及我其他相关著作的评论文章更是如潮水一般，我曾经统计了一下，竟有二

---

① 基督宗教的启示性经典文献。

百六十五篇之多(不包括报章评论),后来由于统计不过来,我就放弃了。此外,还有许多相关的研究论文和书籍如雨后春笋般出现。在德国,每一两年就会出现一份"达尔文主义"的书目。

《物种起源》的成功,我认为可能主要归功于我很久之前所画的两幅物种进化简图以及我对手稿的一再浓缩,最终整理出的摘要。通过这样的方式,我才能够选出较突出的事实,并得出结论。此外,多年来我一直遵循着一条黄金规则——一旦有新的事实出现,有新观察或新思想出现,跟我的结论相左,就立刻毫不含糊地记录下来,因为我从经验中发现:跟中听的话相比,逆耳的话比较容易忘掉。得益于这种习惯,我的观点很少遭到反对(起码我没留意到有人质疑,也就无须解答)。

有时会有人说:《物种起源》的成功是因为"其中的道理已广为人知",或者"人们早已有思想准备"。我觉得此话并不完全对,因为我也问过一些博物学家,从没见过有哪个人对物种的持久性持怀疑态度。就连莱尔和胡克,虽然听我讲述时也饶有兴趣,但似乎从来就不同意我的观点。有一两次,我曾向几位有识之士解释何谓自然选择,但末了以失败告终。有一点我倒觉得是千真万确的——博物学家脑海中储存了无数深入观察的事实,只等令人信服的理论出现,便可以各归其位。该书成功的另一因素是篇幅适中,这方面得益于受到华莱士先生文章的启迪。如果以 1856 年我起笔时的那种篇幅出版,字数会是现在的《物种起源》的四五倍,没有多少人能耐住性子看如此冗长的书。

大约在 1839 年,我对这一理论已思考成熟,但 1859 年才推出,这对我只有好处,没有坏处——至于世人说该理论的原创者是我还是华莱士,我丝毫都不计较。他的文章无疑是锦上添花,有助于人们接受该理论。只有一项重要论点被别人捷足先登,由于虚荣心作祟,我内心感到十分懊恼——那就是以冰河期为切入点解释为什么在遥远的山巅以及北极地区生长着某些特定的动植物物种。我对这一论点很感兴趣,曾经一五一十地写了出来。我坚信,在福布斯①就相同题目发表了他的广为人知的回忆录(见《地质研究回忆录》,1846 年)的前几年,胡克就看过我写的东西。我和福布斯有几点不同的看法,我认为我的观点是正确的。当然,我从未撰写过文章表明这一观点是我独立得出的。

我撰写《物种起源》时所产生的最大满足感,莫过于解释许多种生物的胚胎和成体之间的巨大差异以及同一种生

----

① 爱丁堡大学教授。

物的胚胎与胚胎之间极大的相似性。记得在早些时候，人们在评论《物种起源》时，并没有留意到这一点。对此，我在给阿萨·格雷的信中表示了惊讶。近年来，多位评论家把这一发现归功于弗里茨·穆勒①和海克儿②（他们的论述比我详尽得多，某些方面也比我正确）。《物种起源》有整整一章是这方面的材料——我应该有更详细的论述才对（显而易见，我的论述没有给读者留下深刻印象），这一点别人做到了，依我看，应该得到这份荣誉。

谈到这一点，我得说人们对我的评论历来都是很公正的，但也有些人缺乏科学常识，他们的攻击可以略去不提。我的观点被严重曲解，遭到激烈反驳和嘲笑，这也是常有的事，但我觉得他们一般都没有什么恶意。整体而言，我认为我的作品一再受到好评，其赞誉之词有点过于夸张。值得庆幸的是，我一直都避免参加社会上的论战，这得感谢莱尔的教诲——许多年前，在谈到我的地质学著作时，他强烈告诫我不要纠缠于论战，因为论战没有什么好处，只会浪费时间以及惹人发火。

每当我发现自己判断失误，抑或研究工作不够完美，以及有人对我冷嘲热讽，甚至包括发现自己被过度称赞，我都

---

① 德国生物学家。
② 德国生物学家。

会感到内心不安。我上百次用这样的话安慰自己："反正我已经够努力了,已经尽力了,没有人比我更勤奋了。"

记得在火地岛的成功湾,我曾对人生做过思考(在给家里的信中可能提到过),觉得自己对自然科学有些许贡献,没有虚度光阴。我已经尽到了自己最大的努力,评论家们愿怎么说就怎么说吧,他们是无法摧毁这一信念的。

1859 年的后两个月,我全身心投入《物种起源》第二版的准备工作,同时处理大量的来往信件。1860 年 1 月 1 日,我着手整理笔记,开始撰写专著《驯养动植物的多样性》。但由于经常生病(有一次竟病了七个月),还有一部分原因是致力于出版别的自己更感兴趣的作品,此书一拖再拖,直到 1868 年初才付梓。

1862 年 5 月 15 日,我花了十个月心血写成的小书《兰花受精》问世。书中用到的材料是前几年慢慢积攒起来的。1839 年夏季和前一年的夏季,我专注于研究"花卉借助昆虫而异体受精"(这是我研究物种起源时推测出的现象,认为异体受精对保持物种的形态不变起着重要作用)。在随后几年的夏天里,我一直在做这方面的研究。1841 年 11 月,在罗伯特·布朗的推荐下,我读了克里斯蒂安·康拉德·

斯普伦格尔①引人入胜的著作《发现大自然的奥秘》，兴趣就更加浓厚了。在1862年之前的几年，我特别致力于研究英国本土的兰花，认为最好的方案是尽可能写一部专著，专门论述这一植物物种，而舍弃我花费时日收集的有关其他植物的大堆资料。

我的这一决断经证明是明智的，因为我的专著出版后，各种花卉异体受精的专著和论文纷纷出笼，数量多得出奇，比我论述得更精彩。可怜的斯普伦格尔所做出的贡献一直无人问津，如今他死后多年才得到全面承认。

同年，我在《林奈学会杂志》发表了论文《论樱草属植物的两种形态（或称二态）》，在随后的五年里又发表了五篇论文，论述二态和三态植物。依我看，弄清这些植物结构的意义，是科学研究带给我的最大满足。

在1838年（或1839年），我已留意到了亚麻植物的二态，起初以为这只是没有意义的变异。但在检查了常见的几种樱草属植物之后，我发现这两种形态极有规律且稳定，不可视为无意义的变异。因此我坚信：常见的黄花九轮草和报春花正在转变成为雌雄异体；第一种形态的短雌蕊和

---

① 德国博物学家。

第二种形态的短雄蕊有变为畸形的倾向。但我用这种观点对植物进行测试,结果发现:短雄蕊的花粉一旦使短雌蕊受精,产出的种子就多于其他四种可能结合体中的任何一种。这一发现给了畸形理论当头一棒。经过再次试验,有一点变得十分明朗:这两种形态虽然完全是雌雄同株,但两性之间的关系一如雌雄两性的普通动物。千屈菜属植物虽然有奇妙的三种形态,但三种形态各自之间的关系却是一样的。我后来发现两株同一形态的植物结合,可以产生后代,十分相似于两个完全不同植物物种结合,会产生杂交种。

1864 年秋,我完成了长篇论文《攀缘植物》,把它寄给了林奈学会。这篇文章花费了我四个月的时间;收到校样时,却因为健康严重欠佳,无法认真修改,结果稿件质量十分糟糕,一些地方语焉不详。该文发表后没有引起人们的注意,但 1875 年经过修改和润色,以单行本出版,却畅销一时。我进行这方面的研究,是因为看了阿萨·格雷在 1858 年发表的一篇短文才产生的灵感。他还给我寄来了一些种子。下种后,我发现种出的植物卷须与茎产生了旋转运动,于是觉得非常有趣,也感到不解(这样的运动乍一看十分复杂,其实很简单),于是又搞来一些不同种类的攀缘植物,开始研究这一现象。亨斯洛曾针对缠绕植物做过讲座,说这种植物有着呈螺旋状生长的自然倾向——我对他的解释并不满意，就更要把这种现象弄个水落石出了。经证明，他的解释是完全错误的。其实，攀缘植物的这种现象是为了适应环境，一如兰花的异体受精。

如上所述，我在 1860 年初就开始写《驯养动植物的多样性》，但直至 1868 年初才出版。这是一本大书，我为之整整埋头苦干了四年零两个月，针对驯养的动植物又是细心观察，又是从不同渠道收集大量各种各样的材料。该书的第二卷根据人类现有的知识讲述了动植物变异和遗传的原因及规律。在该书的结尾处，我提出了颇受诟病的"泛生论"①假说。未经证实的假说没有什么价值，但如果有人根据这种假说通过观察得出结论，那我就算是做了件好事——浩如烟海的大量孤立的事实被联系在了一起，从而变得可以解读了。该书的第二版经过大幅度修改，耗去了我大量精力，最终于 1875 年出版。

1871 年 2 月，我的专著《人类的起源》问世。在 1837 年（或是 1838 年），我一旦有了所有的物种都是易变的这个信念，就不可避免地认为人类也应该遵循这个规律。为了证实这一点，我开始收集相关资料，但有好长时间并无出版的

---

① 《物种起源》出版九年后，达尔文提出了一个称为"泛生论"的遗传假说，认为生物体的每个细胞都产生微芽，循环系统把微芽送到精子、卵子里去，从而传给下一代。

意愿。《物种起源》一书没有涉及哪个具体的物种,但从事这项研究,为了不让正人君子们指责我隐瞒观点,我认为最好指明:该研究"可以对人类的起源和历史有所启示"。论及人类的起源,倘若没有证据,我的观点就不会有价值,反而会损害《物种起源》的声誉。

我原本并无出版《人类的起源》的打算,可后来发现许多博物学家全盘接受了我有关物种演变的学说,于是便觉得应该利用手头的笔记,出版一部专著。我很愿意这样做,因为这会让我有机会全面讨论"性选择"①的问题(这一问题我一直都很感兴趣)。我可以利用自己收集到的材料,全面论述人类的起源、驯养物种的变异、物种变异的原因和规律以及植物的交叉异体受精。我用了三年时间写作《人类的起源》——跟以前一样,由于生病和准备一些新版书以及一些次要作品,中间浪费了不少时间。《人类的起源》第二版经过大幅度修改,于 1874 年问世。

我的《人和动物的情感表达》于 1872 年秋出版。我本

---

① 自然选择的一种特殊形式。达尔文认为,两性中的某一性别(通常是雄性,雄性个体或雄性生殖细胞相对过剩)的个体为交配而与种群中同性别的其他个体展开竞争,得到交配的个体就能繁殖后代,使有利于竞争的性状逐渐巩固和发展。

来打算在《人类的起源》用一个章节谈论这个题目,可后来整理笔记才发现非得写一本书方能说得清。

我的第一个孩子于 1839 年 12 月 27 日出生。他刚一出生,我就开始记录他的各种表情,因为我相信即使在这样的早期,他的表情也会逐渐演变,也会有其根源,演变成极为复杂和丰富的模样。第二年的夏季,我阅读了查尔斯·贝尔爵士①一篇论表情的杰作,不由对这一题目兴趣大增。不过,他认为人脸各种肌肉的产生无非就为了表达感情,而这一观点我不能苟同。自此,我就持续关注人的表情,也关注驯养动物的表情。《人和动物的情感表达》一经推出,销量就很好,首发当天便卖出了五千二百六十七册。

1860 年夏季,我到哈特菲尔德②一带休息,放松身心。那儿生长着两种茅膏菜属植物——我注意到这种植物的叶子分泌出黏液,捕捉到了许多昆虫。于是,我采集了一些茅膏菜属植物带回家做研究,把昆虫拿到它们跟前,结果看见它们的触须在移动。这让我想到它们捕捉昆虫可能是出于某种特定的目的。幸运的是,我想到了一种重要的测试:把大量叶子放在含氮和没有含氮的密度相同的两种液体里,结果发现只有含氮的液体能够刺激叶子的运动。很明显,

① 英国皇家学会会员。
② 位于英国东萨塞克斯郡。

这是一个值得探索的新天地。

以后的几年里，我一有空就做这方面的试验，最终于1875年7月出版了《食虫植物》（自打开始观察这种现象，已经过去了十六年）。一如我的其他著作，这本书延迟出版对我大有好处，因为时间拖得长，我就可以客观地审视自己的作品，仿佛审视他人之作。植物受到适当刺激，就会分泌黏液，里面含有酸液和酵素，非常类似动物的消化分泌液——这是一非凡的重大发现。

1876年秋，我打算出版《植物王国中的杂交和自交效应》。该书堪称是《兰花受精》的续篇——在前一本书里，我论述了物种杂交受精的途径是如何完美，而在这本书里我要讲的是物种杂交受精的效应是怎样重要。完全因为偶然的一次观察，我在十一年间进行了书中记载的无数实验。实际上，那次偶然观察到的现象一再出现，才引起了我的特别关注——植物自体受精，其种子质量较差，即使是第一代，在高度和活力上都比不上异体受精的种子。我希望能进行深入的观察，增加一些内容（恨只恨自己没有时间），修订和重新出版《兰花受精》一书以及有关二态和三态植物的论文。我可能会为此筋疲力尽、鞠躬尽瘁而"永别人世[1]"。

---

① 原文是拉丁语 Nunc dimittis。

写于1881年5月1日的话

1876 年秋,《植物王国中的杂交和自交效应》问世。我认为该书有一个效应,那就是解释了同一类植物之间为什么能有无穷无尽传授花粉的神奇现象。不过,现在看来(主要有感于赫尔曼·穆勒的观察),我应该以更坚决的态度坚持自己的观点——植物在许多情况下适合于自交(对于这些情况我当时已经了如指掌)。《兰花受精》在补充了许多内容后于 1877 年出版。

同年,《同种植物的不同花型》也获得了出版,1880 年推出了第二版。该书的内容主要包括若干论述异型花的论文(这些论文最初由林奈学会出版,后经修订,又补充了大量新的内容,还增加了针对同一植物结两种花的现象所做的别的一些观察结果)。正如以上所言,探索异型花的奥秘,每一发现都会给我带来无穷的欢乐。我坚信这些花卉不正常的杂交会产生非常严重的后果,会导致杂交种的不育(可惜只有少数人注意到了这种后果)。

1879 年,我拿到厄恩斯特·克劳斯博士[1]出版的《伊拉斯谟·达尔文[2]的生平》之英译本,就用我手边资料增添了一些内容,描述他的性格以及生活习惯,原以为许多人都会

---

① 德国生物学家。
② 英国哲学家、发明家、生理学家和诗人。

对这本书感兴趣,谁知却只卖出了八九百册,这叫我颇感意外。

1880 年,在我儿子弗兰克的协助之下,《植物运动的力量》问世。该书让我们付出了艰辛的劳动,其内容跟我的小书《攀缘植物》有着某种联系,就跟《植物王国中的杂交和自交效应》与《兰花受精》互为补充一样——因为根据植物演变的原则,要解释攀缘植物为什么能发展成如此之多的迥然有异的品种,就必须证明所有的植物都具有些许类似的运动能力。我证明了这一点,而且进行了广泛的归纳:受到光线、地心引力等因素的影响,植物所产生的这种极为重要的运动都是舒缓的、回旋性的基本运动。一想到自己能将植物提升到有组织的高度来认识,我就感到高兴,尤其高兴自己能证明植物根部的尖端为了适应环境能够做出令人赞叹的调整。

最近(1881 年 5 月 1 日),我刚把一本小书《腐殖土的产生与蚯蚓的作用》①的文稿送交出版社。该题材不是很重要,不知道读者会不会感兴趣,反正我很感兴趣。四十多年前我在地质学会朗读过一篇短论文,而该书是对那篇论文

① 该书在 1881 年 11 月至 1884 年 2 月之间共销售了 18848500 册。

的补充,唤醒了昔日我对地质学研究的回忆。

至此,我的出版物该提的都提了,这些是我人生的里程碑,别的没有什么可说的了。在过去三十年里,除了一点(我马上会提到),我没觉得自己在大脑思维方面有什么变化——实际上,除了思维能力有所衰退之外,也不会有什么变化的。家父活了八十三岁,大脑依然活跃,思维能力没有衰退的迹象。但愿我也能在有生之年保持清晰的思维。对于推论和解释,以及设计实验方案,我觉得自己已经轻车熟路,但这可能是"熟能生巧"和"知识渊博"的缘故吧。而在表达方面,我则感到十分困难,无法清晰、准确地表达自己的观点,结果浪费了大量时间。不过,这也有好处,会迫使我斟词酌句,进行缜密的思考,从而发现自己推论上的错误,发现自己或他人在观察方面的错误。

每当描述一种现象或推出一种理论时,我一开始就会写错,抑或笔锋滞涩,这似乎已成了定律。以前,我都是三思后再落笔,但这许多年来,我却觉得"笔走龙蛇"可以节省时间——先快速写上几页纸,然后再精简文字和润色。用这种方法写出的文章,质量往往比我精心雕琢出来的还要好。

关于写作,我已经说了很多。需要补充的一点是:写大本书前,我会花大量时间做整体安排,先写两三页粗略的框架,然后列出几页纸的大纲,用几个字(或一个字)代表一个专题或一系列事实,继而根据标题扩充(常常会在详尽写作前更改题目)。我的几本书大量引用了别人的观察结果——我历来都是同时开展几项完全不同的研究,于是就备了三四十个大号文件夹,时时存放参考资料或备忘录(这些文件夹保存在档案柜带有标签的隔间里)。我买了很多书,每本书后面都列有与我的研究有关的资料索引;假如书是借来的,我就写摘要,写出的摘要盛满了整整一大抽屉。在开始某项研究之前,我先看短索引,然后整理成大索引和分类索引——只要拿出一两个文件夹,我一生收集的相关资料便随时可用了。

我曾提到在过去二三十年,我的思维在某一方面发生了改变。三十岁左右,我酷爱诗歌,什么样的诗都喜欢,不管是弥尔顿的、格雷①的、拜伦的、华兹华斯的、柯勒律治的,抑或雪莱的。上中学的时候,我特别喜欢莎士比亚的作品,尤其是他的历史剧本。我还说过:我以前也喜欢绘画,而音乐更是叫我着迷。但近许多年来,我已讨厌了诗歌,哪怕读一行诗我都受不了。最近我还想看一看莎士比亚的作品,

① 英国抒情诗人,主要作品有《墓园挽歌》等。

却觉得他写的东西味如嚼蜡,令人反胃。对于绘画和音乐,我也失去了兴趣。听音乐不再给我带来欢乐,而会增加我的焦虑,使我对手头的工作忧心忡忡。我对美丽的风光仍保留着一些兴趣,但它不会像过去那样令我流连忘返。另一方面,充满了想象力的小说,虽然层次不很高,但多年来却能给我带来奇妙的慰藉和乐趣(为此,我常常为小说家们祝福)。有许多小说都是别人念给我听的,只要稍微有点意思,只要不是悲惨结局,我全都喜欢(应该立法禁止小说有悲惨结局)。依我看,一部小说如果没有一个招人喜欢的主人公(最好是一个漂亮女性),就不能成为上乘之作。

　　我丧失了对高层次美学的欣赏能力,确实令人感到奇怪和可悲。可是,我对历史、传记、游记(也不管里面是否包含有科学事实)以及各种题材的论文,仍一如既往保持着浓厚的兴趣。我的大脑似乎变成了一台机器,将大量的资料碾碎,梳理出普遍的规律。可是,这怎么会导致欣赏高层次美学的大脑细胞萎缩,就叫人百思不得其解了。大脑组织比较健全(或者说大脑结构比较高级)的人,大概是不会出现这种情况的。假如能让我的人生重新开始,我就给自己定一条规矩:每星期至少读一篇诗歌,听一首音乐。这样,容易萎缩的欣赏高层次美学的大脑细胞,通过使用,就可以保持活力。丧失了欣赏美的情趣就是丧失了幸福——一个人天性中的这部分情感萎缩,很可能会造成损害,有损于他的智力,更有损于他的道德品格。

我的书主要在英国销售,已翻译为多种语言,在外国也有多个版本。听说衡量一本书是否有恒久的价值,最好的办法是看它是不是能在海外获得成功。对于这种办法的可信度,我持怀疑态度。不过,以此作为衡量标准,我的名声应该还是可以延续几年的。虽然我知道没有人能够准确地分析出决定自己成功的心理素质以及条件,但我认为还是值得一试的。

与一些聪明人(如赫胥黎①)相比,我思维不够敏锐,理解力不够深刻,智力不够强。因而,我的批评能力很差——无论看书还是看文章,一开始我都会佩服得五体投地,只有经过深思之后才会发现其弱点。在过程漫长的纯抽象思维方面,我也能力有限,因此不可能在玄学或数学领域有所造诣。我记的东西很多,但很模糊,不过却足以模糊地提醒自己曾经看到过或读到过的某种现象与目前得出的结论相一致或相反(通常过一段时间,我就可以回忆起在何处可以找到权威性的资料)。在某种意义上,我记忆力非常差,一个

---

① 英国生物学家。

日期或是一行诗句记不了几天就会忘掉。

一些批评家说我"观察力强，但缺乏推理能力"。我觉得此话不对——《物种起源》从头到尾就是一个长长的推理过程，让许多高人都心服口服。缺乏推理能力，是写不出来这样的书的。至于创造力、常识或判断力，我和那些成功的律师或医生也差不多，但我觉得不会处于很高的层次。

权衡起来，我认为自己比普通人观察力强——我能够注意到别人很容易忽视的现象，并对其进行仔细的观察。对于观察事物以及收集实证，我孜孜不倦，可谓相当勤奋。更为重要的是我热爱自然科学——那是一种持久的、强烈的爱。我渴望得到其他博物学家的尊敬，而这种心情又大大加强了我对自然科学的爱。少年时期我就心怀极为强烈的愿望，要弄清或解释明白自己所观察到的现象，按普遍法则对事实进行归类。依我看，我不是一个盲从的人，不喜欢跟在别人屁股后边转。我坚持原则，不让自己的思想受束缚——每进行一项研究，我都禁不住会提出一种假设，可一旦事实证明这种假设是错的，不管自己多么钟情于它，都会毅然放弃。事实上，我别无选择，只好放弃。根据我的记忆，所有最初的假设（关于珊瑚礁的假设除外），在经过了一段时间之后，不是放弃就是大幅度修改。这很自然就导致了我极为不相信混合科学中的演绎推理。另一方面，我不是一个怀疑论者，坚信怀疑一切会有损于科学进步。对于一个科学家，质疑心强固然可取，以避免时间的损失，但我见过不少科学家因此而优柔寡断，没有去进行试验或观察，岂不知这样的试验或观察的结果会直接或间接派上用场的。

　　下面我举一个我所知道的最奇怪的例子加以说明。东部有位先生（后来听说还是当地的一个杰出的生物学家）曾给我写信，说今年各地的蚕豆种子都长在豆荚的另一边，长错了地方。我回信要求他提供细节，因为我不明白他的意思，但左等右等，很久都没有等到回音。后来我看到肯特郡和约克郡的报纸也在报道"今年的蚕豆种子都长错了地方"这一奇异现象。我就觉得这样广泛报道，必然有其根据。于是我就去请教我的园丁（一位肯特郡的老农），问他是否听说了这种事，他回答说："没有的事，先生，肯定是搞错了，因为蚕豆种子只有在闰年才会长错地方，而今年不是闰年。"我问他蚕豆种子在普通年份是怎么长的，而在闰年又是怎么长的，但很快就发现他对此一无所知，却硬坚持自己的看法。

　　又过了一段时间，最初给我写信的那位先生有了回音，对我连连道歉,声称他要不是听好几位有经验的农民那样说,是不会写信给我的。不过,他后来又咨询了他们当中的每一个,结果发现那几位农民没有一个知道自己在说什么。就是这样,一种信念(如果没有任何实际意义的说法也可以称为信念的话)在没有任何实证的情况下,几乎传遍了整个英国。

我一生中只知道三项故意作假的研究成果,其中的一项可以说是骗局(科学骗局是有过先例的),刊登在一份美国农业期刊上。该研究宣称:在荷兰,通过让不同种群的牛进行混交(据我所知,有些是不能生育的),结果培育出了一个新品种。作者甚至厚颜无耻地声称和我通过信,说我对他的研究成果印象深刻,认为他的成果意义重大。一份英国农业期刊的编辑在转载之前把这篇文章寄给了我,征询我的意见。

第二个弄虚作假的例子如下:一位论文作者声称自己让几个品种的樱草属植物进行杂交,培育出了多个变种,还说他精心保护母株,没让昆虫接触,变种却同时孕育出了整整一个系列的种子。这篇文章在我发现异型花柱的意义之前就已经发表——该论文肯定存在着作假,要不然就是疏忽大意(竟然将昆虫传授花粉的现象完全排除在外,简直匪夷所思)。

第三个例子就更为离奇了。记得胡思先生出版过一部有关近亲结婚的著作，其中有几大段引自一位比利时作者的文章——文章作者声称自己让多代兔子近亲繁殖，并未发现任何有害的后果。该文发表于极受推崇的比利时皇家医学会的期刊，但我还是无法抑制自己的疑心。我简直不知道他是怎么做到的，不相信会有这种事情——根据我饲养动物的经验，这是根本不可能的。

我犹豫再三，最后给范·贝内登教授①写了封信，问那位论文作者的观点是否可信。我很快就收到回信，说皇家医学会已经发现该论文是个骗局，感到十分震惊。胡思先生把自己引用的错误观点列成一个清单，在尚未售出的每一本书里都塞了一份。皇家医学会的期刊公开要求那位论文作者提供他的住址以及饲养兔子的地方（据说他试验时养了一大群兔子，历时许多年），而对方一直没有答复。

平时，我的生活有条不紊，这对我所从事的这种特殊的工作很有用。最后一点：我时间充裕，不用为衣食奔忙。虽然生病浪费了我多年光阴，但我也因此而更加专注于自己的研究，没有去社交和娱乐。

因此，作为一个科学家，不管怎么说，依我看，自己的成

---

① 比利时动物学家、古生物学家。

功是由复杂、多样的心理素质以及条件决定的。最重要的
是,我热爱科学,在研究中能够不厌其烦地反复思考,能够
持续不断地观察和收集实证,并具有一定的创造力和常识。
我资质平庸,却能够在一些重要观点上对科学界产生那么
大的影响,着实令人感到意外。

(全书完)